D1691834

Vorwort

Das Wahre und das Falsche

Das Buch könnte den Blick dafür schärfen, was wahr oder falsch, was real oder virtuell, was Phantasie oder scheinbare Wahrheit ist. Wenn Bilder und Wortbilder heute lügen, gestern es taten und es in Zukunft sowieso tun werden, umso mehr müssen wir sie hinterfragen: „Stimmt das wirklich?". Wir können das häufig nicht herausfinden, weil wir die Bilder, die wir zu sehen bekommen, nicht sofort auf ihre Authentizität überprüfen können. Wir wissen nicht, ob sie manipuliert sind, bewusst oder unbewusst, denn die Medienleute sind auch nur Menschen wie wir. Auch wissen wir nicht, ob die Perspektive oder der Ausschnitt von den Bildern uns zu falschen Schlussfolgerungen gelangen lässt oder inwieweit unsere subjektive Wahrnehmung durch unsere geprägten Muster, die von Erziehung, Wissen, sozialem Umfeld, Klima und und und abhängig sind, uns selbst falsche Bilder suggeriert. In einer Zeit, in unserer

Zeit, in der wir von einer gewaltigen Zahl von Bildern sintflutartig überschwemmt werden und uns die Zeit fehlt, über die einzelnen Bilder zu reflektieren, entsteht ein Chaos von Bildüberlappungen, Makulaturbildern, in unserem Kopf. Nur wenn uns das bewusst ist, können wir dem ein Stück weit entgegensteuern und die einzelnen Bilder wahrnehmen, wie sie wirklich sind. Wenn Sie das Buch lesen und anschauen, werden Sie erkennen, welche der Bilder und Wortbilder wahr und welche falsch sind.

Die Giscehcthe ist enie Vansunuchersorndg, die mit Wetorn und Beildrn auf die äeruße Wlet rergieat, die vor aellm aus der iernnen Wlet der Wtore und Bdeilr des Atorus bstheen.
Michael Skant, 2010

C.J.N. **Für Angler, Jäger und andere Lügner**
2010, Foto

Die in dem Bericht vorkommenden Personen:

Dr. Peter Fischer – Autor, Verleger, Vorhangzieher, Hilfsklempner, Hilfsgärtner, Obdachloser
Ein Hauptkommissar der SEG
Ein Strafvollzugsbeamter
Louis Fischer – Anwalt, Weltreisender, Autor, Opalhändler
Elisabeth Fischer-Hecht - Kunstsammlerin
Hubertus Fischer - Bankangestellter, Tierfänger, Autor, Bankdirektor
Bedros von Abahuni – Perückenangler, Kunstwissenschaftler, Tänzer, Fremdenlegionär, Museumsdirektor, Numismatiker
H.P. Krauss – Antiquar in New York
Künstler – Klee, Kandinsky, Picasso, Monet, Renoir, Malewitsch
Tigranes von Abahuni – Taugenichts, Denunziant
Arto von Abahuni – Internationaler Kunsthändler
Dr. Helmut Mandreck – Mathematiker, Physiker
Wernher von Braun – Raketenspezialist in Deutschland und USA
Hans Thomann – Rosenzüchter, Maler, Zeichner
Dr. Martin Luther – Reformator, Pfarrer, Bibelübersetzer
Peter Hauser – Maler, Objektkünstler, Bühnenbildner, Autor, Verleger

L.H. **Klingelbrett,** 2010, Foto

Wolfgang Nieblich **Der Hecht im Schulranzen**

Impressum

Die Deutsche Nationalbibliothek verzeichnet diese Publikation in der Deutschen Nationalbibliografie; detaillierte bibliografische Daten sind im Internet über http://www.d-nb.de abrufbar.

Umschlagabbildung: Wolfgang Nieblich
Fotos: Lothar Hartmann, Catharine J. Nicely
Fotos u. Abbildungen: Wolfgang Nieblich

Herausgeberin: Catharine J. Nicely
Produktion: Lothar Hartmann
Satz: Catharine J. Nicely
Gestaltung: Peter Hauser
Druck: druckpunkt Berlin
Druckveredelung: Thomas Nickert, Berlin
Bindung: Buchbinderei Helm, Berlin
Papier Galaxi Keramik: Papier Union, Hamburg/Berlin

Copyright 2010 by PalmArtPress und den Autoren
PalmArtPress, Pfalzburgerstr. 72a, 10719 Berlin
www.palmartpress.com

ISBN: 978-3-941524-08-8

Wolfgang Nieblich
Der Hecht im Schulranzen
Ein Bericht

Fotos von
Lothar Hartmann
und
Catharine J. Nicely

Bilder von
Wolfgang Nieblich

PalmArtPress

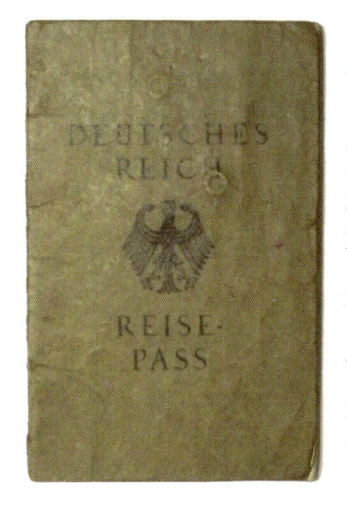

Er fuhr nach dem Beginn der Olympischen Spiele 1936 in Berlin genau an dem Tag, an dem Jesse Owens die Goldmedaille im 100-Meter-Lauf für die USA gewonnen hatte, mit der Deutschen Reichsbahn von Berlin-Anhalter Bahnhof nach Ulm. In seinem umfangreichen Gepäck hatte er ein Schlauchboot mit Außenbordmotor, den er in Berlin-Kreuzberg beim Bootsmotorenhersteller König für viel Geld, damals Reichsmark, gekauft hatte. Sein Ziel war es, mit dem Schlauchboot auf der Donau bis zum Schwarzen Meer zu fahren. Eine Strecke von fast 2700 km. Louis Fischer kam spät abends in Ulm an. Er übernachtete in einer kleinen Pension, die direkt am Ufer der Donau lag. Am nächsten Morgen nach dem Frühstück, es sollte für längere Zeit sein letztes auf festem Boden sein, ließ er das Boot zu Wasser und verstaute den Proviant und die Ausrüstungsgegenstände, von denen er überzeugt war, dass er sie auf der Reise benötigen würde.

Die Reise führte ihn über Stationen, an denen

er auch halt machte, um sich die jeweiligen Städte anzusehen oder zu einem späteren Zeitpunkt Proviant aufzunehmen. Er fuhr die Donau hinunter, über Ingolstadt, wo die Fließgeschwindigkeit des Wassers enorm anstieg. Der Grund war die Einmündung der Iller in die Donau, die dadurch auch breiter und tiefer wurde. Er fuhr weiter nach Regensburg, an der berühmten *Steinernen Brücke* vorbei, nach Passau, über die Grenze zwischen dem Deutschen Reich und Österreich, nach Grain, wo er von Stromschnellen und Strudeln heftig durchgeschüttelte wurde, über Linz und Wien. Heute angelegte Fischtreppen und Fischlifte[1] waren damals noch nicht vorhanden. Er fuhr weiter über Preßburg[2], in der Tschechoslowakei, wo er einem Fischerstechen[3] zusehen konnte, entlang der Grenze zu Ungarn. Dann ging es weiter in Ungarn über Komorn und Sentendre, einer der ältesten Künstlerkolonien, über Budapest, wo er sich fünf Tage aufhielt, zur ungarisch-slowenischen Grenze, nach Neusatz in Slowenien und weiter nach Belgrad in Serbien. Und weiter und weiter ging seine Fahrt entlang der bulgarischen Grenze bis nach Rumänien, in die Region der Kleinen und Großen Walachei, wo

W.N. **Budapest**, 1936, Foto

der Fluss fast zwei Kilometer breit ist, mit Stationen in Giurgiu, Braila und Galati. Die Donau teilt sich dort in drei gewaltige Flussarme und Louis Fischer musste sich entscheiden, welchen er nehmen sollte. Er entschied sich für den Mittleren mit dem Namen Sulina-Arm. Schließlich war Louis Fischer an der Küste des Schwarzen Meeres angekommen.

Seine Eindrücke auf dem Wasser, seine Beobachtungen der Fische und der unterschiedlichsten Vegetationen an den Ufern, von subjektiven und objektiven Unkräutern, hielt er mit kleinster Schrift in seinem Reisetagebuch, ein selbst geheftetes und selbst in rotes Ziegenleder gebundenes Buch, das auf der Vorderseite nur mit seinen Initialen **LF**, mit Blattgold geprägt, verziert war, fest.

Louis Fischer machte auch Notizen über die Städte, an denen er Halt gemacht hatte. Wenn er abends, umgeben von der Dämmerung, auf dem am Ufer festgemachten Schlauchboot lag und in den Himmel blickte, dachte er immer an seine Familie in Berlin, an seine Frau Elisabeth, seinen Sohn Hubertus und seine beiden Freunde Bedros von Abahuni und Helmut Mandreck.

Der Armenier Bedros von Abahuni, der sich als Kind in Ankara als Perücken- und Hutangler unbeliebt gemacht hatte, indem er aus dem elterlichen Wohnhaus aus dem zweiten Stock die Hüte und Perücken der Passanten von den Köpfen angelte, später Kunstgeschichte studierte und dann einige Umwege machte, bis er als Direktor eines

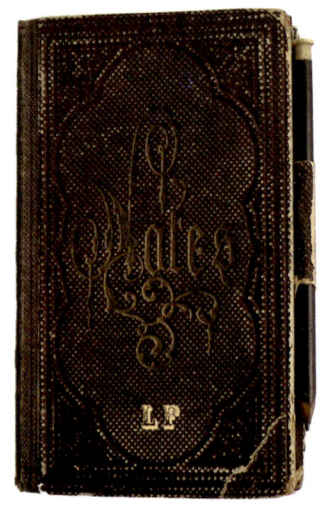

Notizbuch von Louis Fischer

Ein Kommissar der australischen Hafenpolizei
Ein japanischer Kriegsgefangener
Ein Galerist mit zwei Partnerinnen, Ehefrau und Freundin
Wolf Vostell – Happening-Artist, Maler
Lothar Hartmann - Fotograf
Norbert Fischer – Bibliothekar, Schriftsteller mit einem Pseudonym
Ein Gerichtspräsident
Der Direktor des Goethe-Instituts in Weimar
Werner Schwab – Stückeschreiber, Theaterpreisträger, Trinker
Lisa – die Freundin von Werner Schwab
Peter Marginter – Autor
Bobby – Lithograf, Buchdrucker, Druckereibesitzer, Geschichtenerzähler, Schachspieler, Obdachloser
Nadine – Tierpräparatorin
Katinka – Tierarzthelferin
Christian Morgenstern – Dichter
Bertolt Brecht – Theaterautor, Regisseur
Leonhard Euler – Mathematiker
Howard Garns – Architekt, Rätselonkel
Ein Galeerensklave – Erfinder des römischen Zahlenrätsels, später Gladiator
Ein Trödelmarktbesitzer – auch Galerist und Autor
Ein Trödelmarkthändler

Carmine und Tim – zwei Schüler
Pauline Allison Peters - Autorin, Besitzerin einer Kampfhundeschule und Mutter von Carmine
Ein Kneipenwirt
Dr. Herrmann Trommler – Physiker, Erfinder
Christian Lohse – 2-Sterne-Koch
Die heilige Catharina der Hechte – Schutzgöttin
Künstler – Steve Charmann, Joseph Beuys, Günther Uecker
Kordulus von Apulien – Mönch, Autor
Gräfin Astrid von Huschenbeck - Astrologin
und
ein Hecht – 60 Zentimeter lang
ein zweiter Hecht namens Carlos – in der Unterwasserwelt des Neckars geschlüpft

Dsieer Beihcrt ist ein Taktrat üebr den Kmpaf des Mscenehn mit den Berldin sneeir Ziet.

Wolfgang Nieblich **Der Hecht im Schulranzen**
Ein Bericht

An einem frühen Abend fahren sechsunddreißig Polizeibeamte mit ihren BMW-Motorrädern auf den Ludwig-Kirch-Platz. Zusätzlich haben sich mehrere Polizeifahrzeuge in der Straßenbiegung zwischen der Pfalzburger und der Pariser Straße positioniert. Ebenso stehen Polizeifahrzeuge gegenüber in der Ludwig-Kirch-Straße. Alle Passanten auf und um den Platz fragen sich: „Was ist passiert?". Nichts, nur der argentinische Botschafter steigt mit seiner Gattin aus einer dunklen Limousine. Seine Gäste aus den anderen Wagen steigen ebenfalls aus und sie gehen ins *Weyers* zum Abendessen. Nach zwei Stunden ist der ganze Spuk wieder vorbei.

Währenddessen sitzt Peter Fischer am Tresen in der Berliner Eckkneipe am Platz, trinkt Berliner Pilsner und hört unfreiwillig einem Gespräch von zwei Gästen, die rechts von ihm auch am Tresen sitzen, zu. Seine Tresennachbarn, ein Hauptkommissar einer Spezialeinsatzgruppe (SEG) und der andere, ein Schließer, in der Amtssprache ein Strafvollzugsbeamter, streiten darüber, ob diese Kneipe in den 30-iger Jahren einmal das gastronomische Hauptquartier der SA war oder nicht war. Die beiden können sich nicht einigen. Sie beenden ihren Streit und sprechen jetzt mit gedämpfter Stimme über die bevorstehende Fußballweltmeisterschaft, die erste auf dem afrikanischen Kontinent, was Peter Fischer nicht sonderlich interessiert. Durch das vorausgegangene Streitgespräch muss er jedoch an seinen Urgroßvater denken.

Sein Urgroßvater Louis Fischer wurde 1904 in Berlin-Wilmersdorf geboren. Nach dem Jurastudium arbeitete er in einer großen Kanzlei als Anwalt auf Probe. Ihm wurden die verschiedensten Zuarbeiten, häufig Recherchen für die fest angestellten Anwälte, übertragen, die er gewissenhaft und schnell zur Zufriedenheit aller erledigte. Am Ende seiner befristeten Tätigkeit wurde er von der Sekretärin zum Gespräch zu einem der beiden Kanzleivorstände geholt. Am Ende des Gesprächs wurde er gefragt, ob er als Sozius in die Kanzlei eintreten wolle. Louis Fischer erbat sich eine Bedenkzeit, obwohl seine Entscheidung, was er in der nächsten Zeit tun würde, eine längere Reise, schon längst gefallen war.

bayrischen Museums sesshaft wurde und in seiner Freizeit leidenschaftlich Münzen sammelte.

Eine alte und zwei neue Münzem

Eine Zeit lang war er als Tänzer in der Schweiz beschäftigt, auch häufig mit den Tänzerinnen des Ensembles in Basel, bis er eine von ihnen mit dem Bügeleisen versehentlich erschlagen hatte und fluchtartig in der französischen Fremdenlegion untertauchen musste. In Addis Abeba war er dann Legionär in der Leibwache des äthiopischen Kaisers Haile Selassie. Danach kam er mit ein paar Vorstrafen zurück nach Deutschland in die Villa der Familie Abahuni, die sie nach der Flucht aus Armenien unter Stalin bezogen hatte. Es kamen weitere Vorstrafen hinzu, wie Scheckbetrug in mehreren Fällen, Körperverletzung bei einer Messerstecherei nach einem Kneipenbesuch und einer Strafe wegen eines Verkehrsdeliktes. Die Zahl hatte sich auf sieben erhöht. Sein Großvater, Arto von Abahuni, arbeitete weltweit als Kunsthändler. Auch er hatte Kunstgeschichte studiert und war ein begnadeter Kaufmann und Händler. Er reiste nach New York und Paris, wo er seine wichtigsten geschäftlichen Kontakte hatte. Einer seiner besten Freunde in New York war H. P. Krauss, der wohl bedeutendste Antiquar, der je gelebt hat und der das Buch: *Die Saga von den kostbaren Büchern,* geschrieben hat. Im Laufe der Jahre hatte er neben einem stattlichen Vermögen, auch eine eigene, sehr umfangreiche Kunstsammlung erworben mit Werken von Klee, Kandinsky, Picasso, Monet, Renoir, Malewitsch und vielen anderen Künstlern. Auf diese Sammlung war sein Sohn, Tigranes von Abahuni, besonders scharf. Sein Sohn, ein Taugenichts ohne jegliche Ausbildung, denunzierte seinen Vater, Arto Abahuni, bei den Nazis, weil

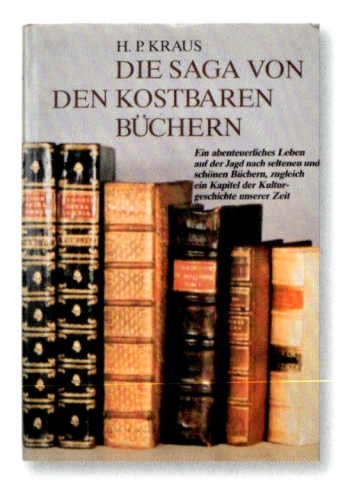

Originaleinband von 1982

er an die Kunstsammlung kommen wollte. Die Nazis steckten Arto Abahuni ins Konzentrationslager, das er nicht überlebte. Sein Sohn hatte nun die Sammlung, das Vermögen und die Villa in Berlin-Grunewald. Die Kunstsammlung, die er versteckt hielt, weil die Künstler in die Kategorie der Entarteten eingereiht waren, war zum gegenwärtigen Zeitpunkt nicht zu verkaufen. Von dem Besitz und einem geschickten Arrangement mit den Nazis konnte die Familie gut leben. Sein Sohn Bedros von Abahuni kümmerte sich um die Kunstsammlung, katalogisierte sie und bereitete alles für einen späteren Verkauf vor. Durch einen Streit zwischen Vater und Sohn ging Bedros von Abahuni in die Schweiz. Diese Familientragödie kannte Louis Fischer nicht und erfuhr sie erst viel später nach seiner Rückkehr aus Australien.

Auch die Lebensgeschichte seines zweiten Freundes erfuhr er erst nach seiner Rückkehr nach Deutschland. Sein Freund Dr. Helmut Mandreck, Doktor der Mathematik und Physik, arbeitete für Wernher von Braun an dessen V1- Projekt in Peenemünde. Mandreck war schwul. Die Nazis bekamen das irgendwie mit, und über

Nacht war Dr. Mandreck verschwunden und war Insasse eines Konzentrationslagers. Er wurde von einem in das andere Lager gesteckt, was für ihn keine logische Erklärung hatte, zumal er davon ausging, dass er das sowieso nicht überleben würde. Aber er überlebte. Seine letzte Lagerstation war Buchenwald, wo er sich mit einem Rosenzüchter, Hans Thomann, anfreundete, der Rosen für die Gattin des Lagerkommandanten zu züchten hatte und ihm dadurch der Steinbruch erspart blieb. Dennoch wurde er zweimal vor allen Insassen auf dem Appellplatz ausgepeitscht, was normalerweise mit dem Tod des Ausgepeitschten endete. Doch durch seinen Glauben, er war Zeuge Jehova, überlebte er. Beide wurden nach der Befreiung durch die Amerikaner in die thüringische Kleinstadt Kahla entlassen, wo die Familie des Rosenzüchters lebte, in einem Haus unterhalb der Stadtmauer gegenüber einer kleinen Kirche, in der Martin Luther häufiger gepredigt hatte.

Thomann war ein begnadeter Zeichner, der nach seiner Befreiung über vier Jahre eine riesige Federzeichnung von Jerusalem anfertigte. Der Papierbogen war 1 mal 2 Meter groß. Die Stadt war in allen Details gezeichnet und tausende abgebildete Menschen hatten höchstens die Größe von fünf Millimetern. Die Familie litt vier Jahre lang unter seiner Arbeit, weil kein Familienmitglied irgendein störendes Geräusch verursachen durfte, beispielsweise kein Klappern mit den Schuhen, damit er nicht erschrak und dadurch kein Tintenklecks auf der Zeichnung entstand.

Dr. Mandreck wurde eine kleine Wohnung, ein Zimmer mit Kochnische und einer Toilette, die eine halbe Treppe tiefer lag, zugewiesen. Dort lebte Dr. Helmut Mandreck, der stets einem schwarzen Lodenmantel trug und Albert Einstein zum Verwechseln ähnlich sah, noch einige Jahre. In seinem Zimmer gab es nur ein Bett, keine Bettbezüge. Nur rotes Inlett war zu sehen. Einen kleinen Tisch gab es und zwei Stühle, wobei sich auf dem einen Stuhl seine gesamte Kleidung befand. Das interessierte ihn aber nicht sonderlich. An allen Wänden waren Schiefertafeln angebracht, darunter lagen auf schmalen Brettern Tafelkreidestücke in Un-

Stadtwappen Kahla

			C											3	4
1	0			2											
			5											E	F
				8											9
	B														
				6	9				D			1			
					A									7	
		8						4						F	
	2				E										
		E			3				A						
		C										4	B		
9				5											
			1						3				8		
		6		C						E		1			
D		A			6	4					7		F	9	
	7														

Hexadezimales Zahlenrätsel von Dr. Helmut Mandreck erfunden, 16 x 16 Felder, die mit den Ziffern 0 - 9 und den Buchstaben A - F zu füllen sind und zwar so, dass in keinem der Felder sich die Zeichen wiederholen, ebenso in keiner Spalte oder Zeile.

mengen herum. Die Tafeln waren vollgeschrieben mit kompliziertesten Formeln und ihren Ableitungen. Das war seine Welt. Gelegentlich hatte er einen Schüler, dem er die Philosophie der Mathematik vermittelte. Dieser Schüler, Peter Hauser, studierte auch später Mathematik, bis er in der DDR aus politischen Gründen nach vier Semestern exmatrikuliert wurde und dann nach einer Zwangspause Malerei studierte, nach dem Studium aus der DDR rausgeworfen wurde und heute als Maler, Objektkünstler und Bühnenbildner in Berlin-Wilmersdorf lebt.

Jetzt, wo er am geplanten Ziel, dem Schwarzen Meer, angekommen war und das schneller als er angenommen hatte, musste Louis Fischer sich entscheiden, entweder zur Rückreise oder zur Weiterreise. Louis Fischer entschied sich für das Letztere. Es zog ihn mehr als alles andere in die Ferne. Diesem starken inneren Impuls konnte er nicht widerstehen. Also setzte er seine Reise fort. Es ging an der Küste des Schwarzen Meeres entlang, durch den Bosporus, mit einem Stopp in Istanbul ins Ägäische Meer, weiter an der türkischen Küste entlang, wo er mit seinem Schlauchboot in einen Sturm geriet und er mit Glück das Kentern verhindern konnte. Nachdem das überstanden war, ging die Reise weiter an den Küsten von der Vereinigten Arabischen

Republik/Syrien, des Libanons, von Israel, von der Vereinigten Arabischen Republik/Ägypten, durch den Suezkanal ins Rote Meer und durch den Golf von Aden, weiter durch den Golf von Oman, an der Küste vom Iran/Persien entlang, immer weiter und weiter. Die Reiseroute führte Louis Fischer zur Küste von Pakistan, wo er tagelang ohne Wasser auskommen musste und froh war, als er endlich Karatschi vor sich sah. Nach zwei Tagen ging es weiter, parallel zu der Küste von Indien mit kürzeren Aufenthalten in Bombay und Nova Goa, wo ihm beim Landgang ein Stück einer englischen Zeitung vor die Füße flatterte. Der einzig vollständig lesbare Artikel hatte die Überschrift:

Unter Fischkonserven begraben
Diese Überschrift machte ihn neugierig und er las den Text mit folgendem Wortlaut:
"Seine Sammelleidenschaft hat der englische Biologie-Professor Dr. Robert Wilson mit seinem Tode bezahlen müssen: Der 54-jährige lag drei Tage lang in seinem Sammlungskabinett in seiner Stadtvilla unter einem Berg von Konservenbüchsen, Fischpräparaten und Fischskeletten begraben, nachdem offenbar eines der Regale umgestürzt war. Der 1,82 Meter große und

78 Kilo schwere Mann lag eingeklemmt unter dem Regal als ihn seine Haushälterin fand. Die sofort gerufene Polizei konnte nur noch seinen Tod feststellen."

Wieder zurück auf seinem Schlauchboot, setzte er die Reise fort. Es ging dann durch die Palk-Straße weiter an der Ostküste Indiens mit einem weiteren Halt in Madras und Kalkutta, weiter an den Küsten von Ost-Pakistan und Birma im Golf von Bengalen und mit einer Reiseunterbrechung von drei Tagen in Rangun, an der Küste von Thailand/Siam entlang, durch die Malakkastraße zwischen Malaya und Sumatra mit einer Unterbrechung in Singapur, durch die Java-See, an den Inseln Bali, Sumbawa, Flores und Timor vorbei nach Australien. Louis Fischer landete schließlich am 4. März 1943 in Darwin nach einer siebenjährigen Bootsreise mit gehisster Fahne des Deutschen Reiches.

Von den Geschehnissen auf der Welt, insbesondere von den Vorgängen im Deutschen Reich nach seiner Abreise, wusste er nichts. Er war bei einer positiven Stimmung in Deutschland und dem vorherrschenden Geist der olympischen Spiele in Berlin abgereist. Umso mehr war er irritiert, dass er von der australischen Hafenpolizei auf sehr unfreundliche Art und Weise verhaftet und tagelang von einem Kommissar verhört wurde. In dem Verhör erfuhr er, dass das Deutsche Reich einen Krieg vom Zaun gebrochen hatte, in den jetzt die ganze Welt verwickelt war. Am dritten Tag nach der Landung wurde er der Polizei überstellt, an die australische Armee

W.N. **Vorahnung**, 1972, Öl auf Leinwand, 29 x 44 cm

weitergereicht und bis 1948 in einem Kriegsgefangenenlager interniert. In dieser Zeit im Lager lernte Louis Fischer Japanisch von seinen Mitgefangenen und schrieb ein Buch über Fische, das er später unter dem Titel: *Unterschiede im Leben von Meer- und Süßwasserfischen,* publizierte. Wichtiger als dieses Buch, obwohl weit weniger umfangreich, war ihm sein zweites Buch, das er ebenfalls

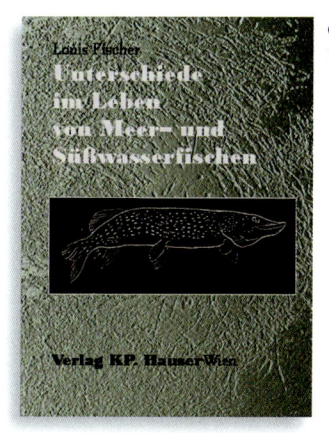

Originaleinband
1968

Originaleinband
1972

im Internierungslager geschrieben hatte, allerdings auf Japanisch, und den Titel trug: *Das Fischfenster oder Das schwarze Loch in Binnengewässern.* Das Buch basierte auf Beobachtungen, die er auf seiner Donaufahrt gemacht hatte. Mehrfach hatte er dabei schwarze Löcher mit etwa einem Meter Durchmesser beobachtet, in die die Fische: Aale, Äschen, Bachforellen, Barben, Barsche, Brassen, Döbel, Dorsche, Grasfische, **Hechte**, Karatfische,

L.H. **Im schwarzen Loch,** 2010, Foto

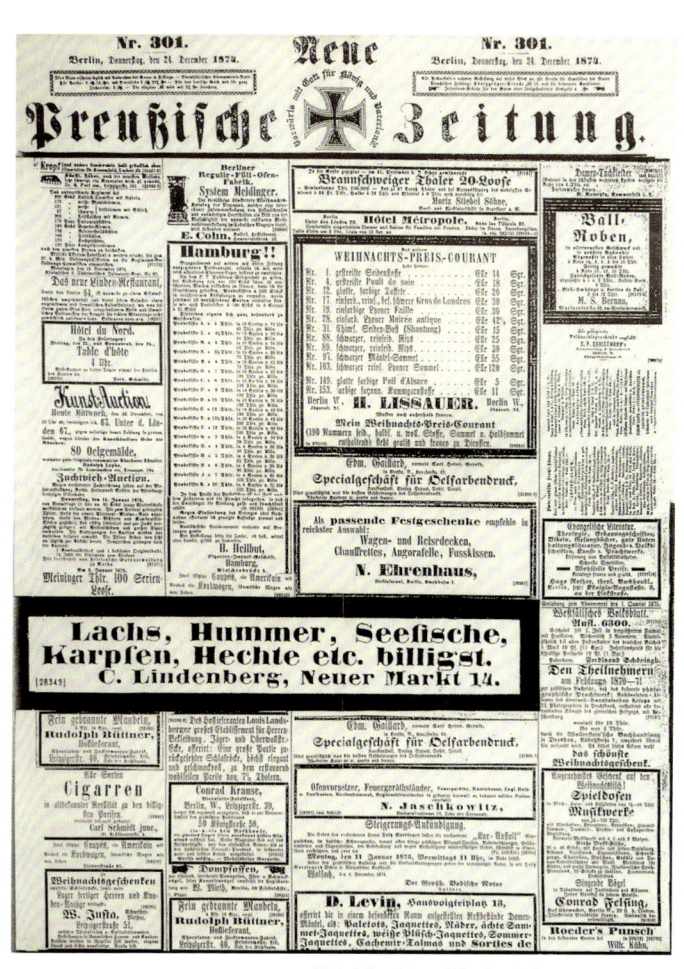

Titleblatt **Preußische Zeitung** von 1874

Karpfen, Nasen, Quappen, Rapfen, Rotaugen, Rotfedern, Schleien, Welse und Zander, hinein schwammen, jedoch nie wieder auftauchten. In Anlehnung zum Bermudadreieck oder den schwarzen Löchern im Universum spielte Louis Fischer die verschiedensten Gedanken und Überlegungen durch, um dieses Phänomen zu erklären. Am Schluss des Buches stellte er eine These auf, die die Funktionsweise der schwarzen Donau-Löcher erklärte, die jedoch noch heute auf ihren wissenschaftlichen Beweis und Nachweis wartet.

Nach seiner Entlassung blieb Louis in Australien und versuchte sein Glück als Opalsucher. Er hatte sehr, sehr viel Glück und nach ein paar Jahren war er einer der bedeutendsten Opalhändler der Welt.

1964 kehrte Louis Fischer nach Deutschland, nach Berlin, zurück. Alles war fremd. Besonders seine Familie.

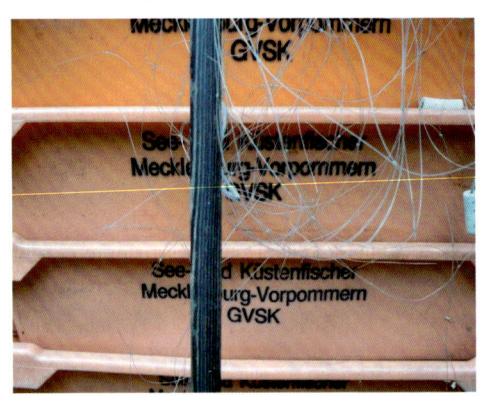

W.N. **Küstenfischerei**, 2010, Foto

C.J.N. **Fischerboot-** *Lillian Ann*, 2010, Foto

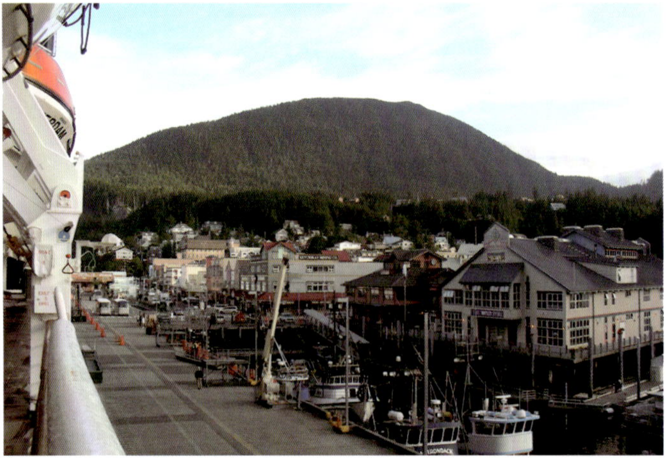

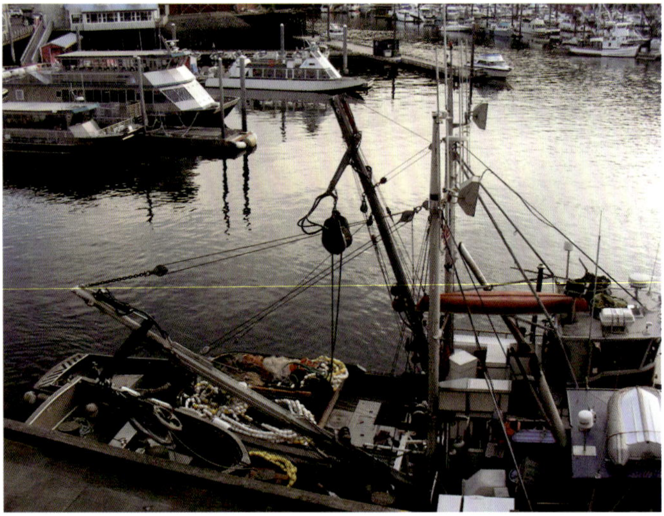

C.J.N. **Im Hafen**, 2010, Fotos

C.J.N. **Fischtransport,** 2010, Foto

L.H. **Zackenbarsch**, 2010, Foto

L.H. **Sardinen,** 2010, Foto

L.H. **Stinte**, 2010, Foto

L.H. **Dorade Royal,** 2010, Foto

L.H. **Papageifisch**, 2010, Foto

L.H. **Steinbeisser oder Katfisch,** 2010, Foto

L.H. **Knurrhahn**, 2010, Foto

L.H. **Dorade Royal,** 2010, Foto

L.H. **Papageifisch**, 2010, Foto

L.H. **Makrele,** 2010, Foto

L.H. **Bückling,** 2010, Foto

L.H. **Räuchermöpse,** 2010, Foto

C.J.N. **Devein Shrimp**, 2010, Foto

C.J.N. **Lobster Tails,** 2010, Foto

C.J.N. **Crab**, 2010, Foto

C.J.N. **Sockeye Salmon,** 2010, Foto

C.J.N. **Geschlachtet**, 2010, Fotos

C.J.N. **No Dumping,** 2010, Foto

Seine Frau Elisabeth hatte ihn für tot erklären lassen und war inzwischen wieder mit einem Galeristen verheiratet, der bei einer Vernissage von Wolf Vostell seine Frau und seine Freundin nackt präsentierte. Der Künstler legte den beiden Frauen je einen 50-60 Zentimeter langen Hecht in die Hände, und sie standen einfach da mit den Hechten. An den beiden Hechten waren zwei kleine Transistorradios mit Draht befestigt, aus dem einen quakte eine kaum verständliche Stimme, aus dem anderen ertönten undefinierbare Geräusche und Musikfetzen. Das Publikum stand auch einfach so da oder dumm herum, und es fragte nach dem Sinn dieser Performance.

Elisabeth Fischer-Hecht hatte sich schon vor ihrer zweiten Heirat für Bildende Kunst interessiert und sich im Laufe der Jahre eine kleine Sammlung mit Arbeiten von Peter Hauser und Fotografien von Lothar Hartmann aufgebaut.

Einladung
zur Ausstellung

Peter Hauser
Zwischen Denken und Fühlen

20.9. - 18.10.1980
Vernissage: 19.9.1980, 20 Uhr

Galerie Ars Viva Berlin
Knesebeckstr. 76, 1000 Berlin 12

Mi - Fr. 15 - 20 Uhr, Sa. 10 - 15 Uhr

W.N. **Das Palmier in Ville France sur mer,** 1980, Öl auf Lwd., 100 x 80 cm

W.N. **Durst oder Die Fischefrau,** 1981, Öl auf Leinwand, 59 x 42 cm

W.N. **Die Verfassungen**, 1982, Assemblage, 120 x 100 cm

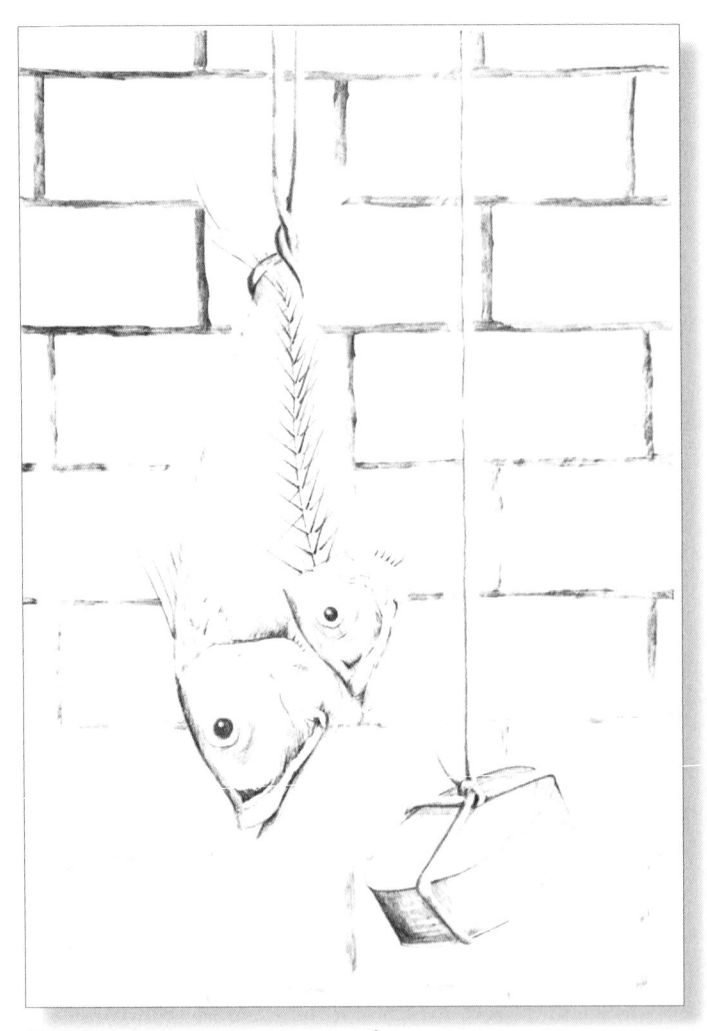

W.N. **Die Konserve**, 1981, Bleistiftzeichnung, 62 x 45 cm

W.N. **Der Sturm,** 1992, Collage, 80 x 60 cm

W.N. **Hechte**, 2010, Acryl auf Papier, 20 x 15,5 cm

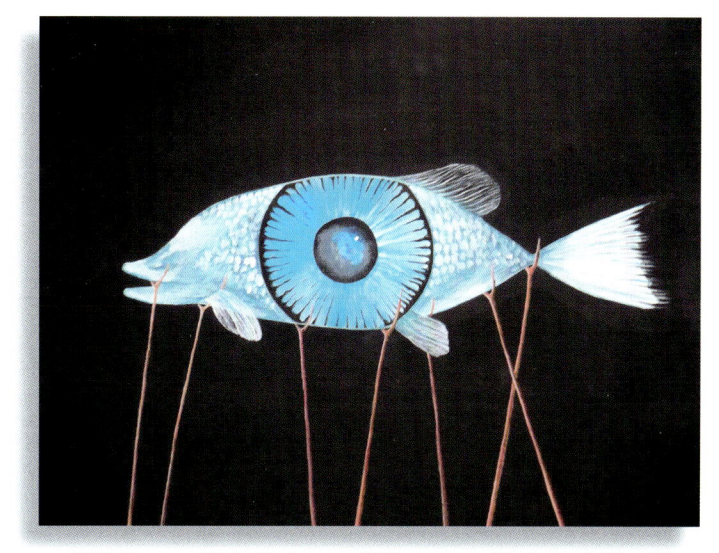

W.N. **Das gestützte Fischauge,** 2010, Acryl auf Leinwand, 28 x 37 cm

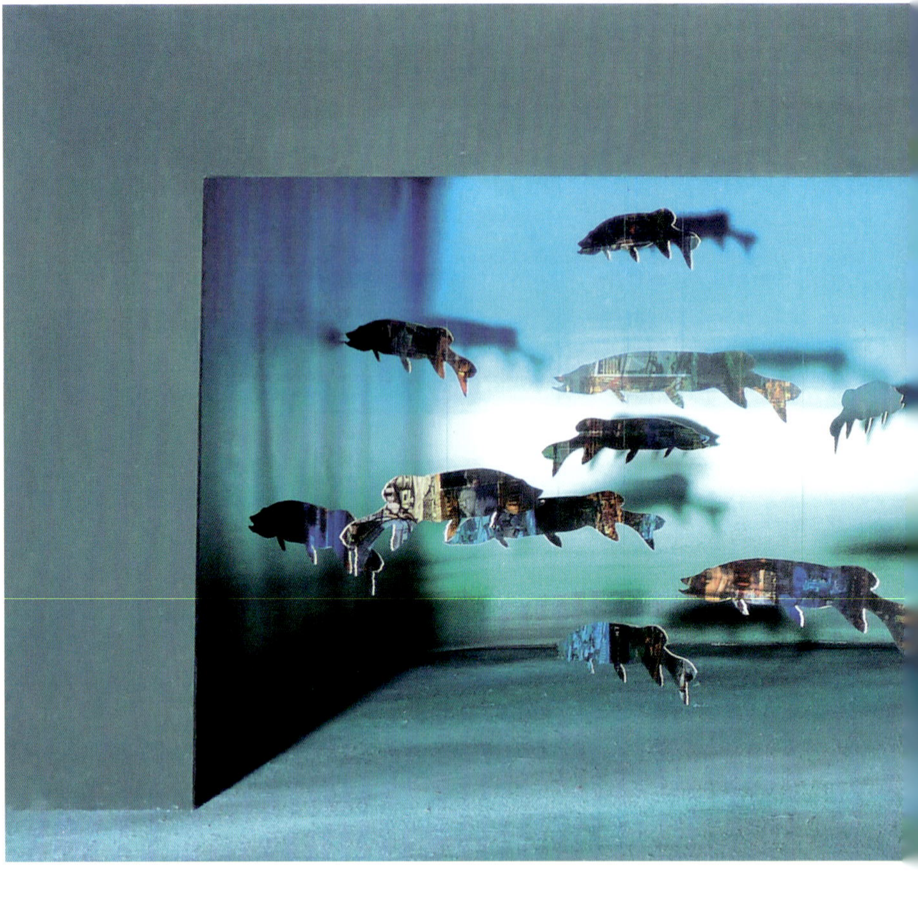

W.N. **Das grosse Hechttheater,** 2010, Modell für eine Installation

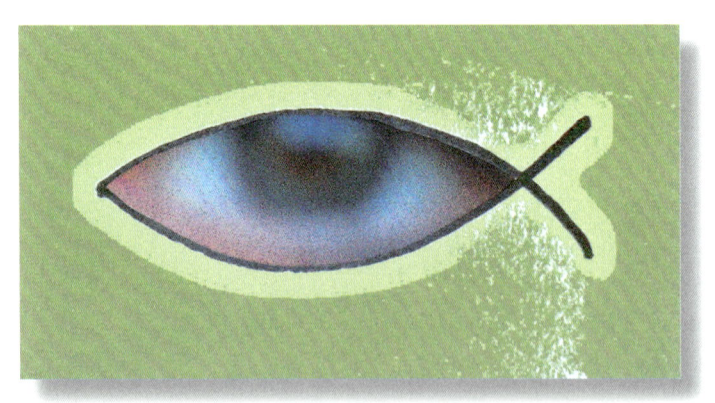

W.N. **Das Auge der Herrin**, 2010, Acryl auf Papier, 20 x 10 cm

W.N. **Fischauge**, 2010, Acryl auf Papier, 16 x 19 cm

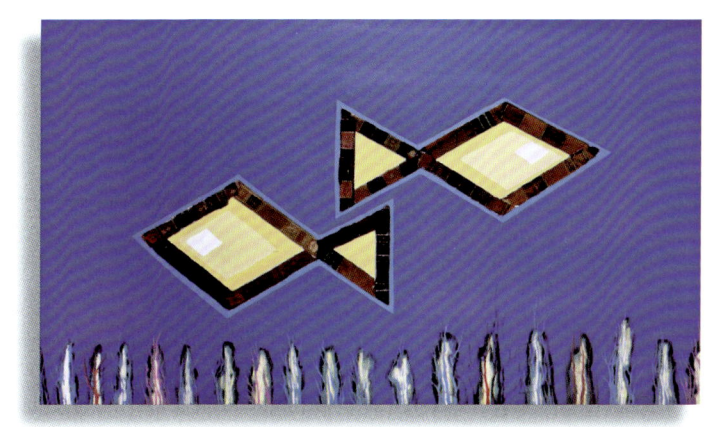

W.N. **Fische**, 2003, Assemblage auf Leinwand, 80 x 140 cm

W.N. **Hechte in der Bibliothek**, 2010, Collage auf Lithografie, 41,7 x 29 cm

W.N. **Stadt der Fische**, 1970, Federzeichnung, 39,6 x 45,8 cm

W.N. **Stilleben mit Fisch**, 1971, Tempera, 30 x 45 cm

Die Galerie Ophir Berlin gibt sich die Ehre,
Sie zur Vernissage am Freitag,
dem 15.10. 1977 um 19 Uhr
herzlich einzuladen.

Lothar Hartmann

Fischfenster

Fotographien

16.10. - 17. 11.1977

Galerie Ophir Berlin
Ansbacherstr. 13, 1000 Berlin 30
Öffnungszeiten:
Mo - Fr 10 - 18 Uhr, Sa 10 - 13 Uhr

L.H.
Fischfenster
I - XX
1977, Fotos

II

III

IV

V

VI

VII

VIII

IX

x

XI

XII

XIII

XIV

XV

XVI

XVII

XVIII

XIX

XX

Sein Sohn Hubertus war inzwischen 39 Jahre und sein Enkel Norbert 15 Jahre alt. Louis Fischer kam aus einer anderen Erfahrungswelt. Gespräche waren nahezu unmöglich. In den wenigen Gesprächen, die in größeren Zeitabständen stattfanden, erfuhr er aber, was sich in Deutschland nach seiner Abreise abgespielt hatte und wie es seiner zurückgelassenen Familie ergangen war. Der Kontakt riss bis auf ein paar Höflichkeiten, die zu den Geburtstagen und zu Weihnachten ausgetauscht wurden, völlig ab. Außer drei zufälligen Begegnungen fanden keine Treffen mehr statt.

Sein Sohn Hubertus Fischer, der 1925 in Berlin-Charlottenburg geboren wurde und den er 1936 zum letzten Mal vor seiner Abreise im Alter von 11 Jahren gesehen hatte, war zum Zeitpunkt ihres Wiedersehens Angestellter einer schwäbischen Privatbank. Diese Tätigkeit übte er bis 1970 aus. Er machte eine steile Karriere und wurde schließlich zum Bankdirektor befördert. Diese Position bekleidete er bis zu seiner Pensionierung 1990. Danach zog er sich auf sein Chalet in der Schweiz zurück, das er durch Verwandtschaft mütterlicherseits bereits seit 1948 besaß und eigentlich die ersten Jahre nur hinfuhr, um nach dem Rechten zu sehen. Im selben Jahr hatte er eine Anstellung in einer Bank gefunden, in der er auch zuvor eine Lehre gemacht hatte. Seine Banklaufbahn war nur durch eine Reise nach Südamerika von 1958-1964 unterbrochen. Auf dieser Reise verdiente Hubertus Fischer sein Geld als Tierfänger. Die letzten beiden Jahre beschäftigte er sich mit dem Fang von Fischen, die er an europäische zoologische Gärten verkaufte. In dieser Zeit schrieb er auch ein Buch: *Über die Fische in den südamerikanischen Gewässern*. Als Andenken an diese Reise brachte er einen ganz jungen schwarzen Panther mit, den er wie ein Haustier hielt, sehr zur Freude seines Sohnes Norbert. Danach arbeitete Hubertus Fischer wieder in einer Bank.

Sein Sohn, Norbert Fischer, wurde 1949 in Basel geboren, studierte Medizin auf sanften Druck der Eltern, obwohl er aufgrund seiner besonderen handwerklichen Fähigkeiten Bootsbauer werden wollte. Nach ein paar Verästelun-

Originaleinband 1966

gen auf seinem Lebensweg wurde er Schriftsteller. Norbert Fischer trat in der Schweiz der Kommunistischen Partei bei und wurde wegen Wehrdienstverweigerung zu einem dreiviertel Jahr Gefängnis verurteilt. Der Gefängnisdirektor teilte ihn zur Arbeit in der Gefängnisbibliothek ein und wurde fortan in den Akten als *Der Bibliothekar* bezeichnet. Nach kurzer Einarbeitungszeit stellte die Gefängnisleitung Norbert Fischer noch einen Bibliotheksassistenten zur Seite, der, bevor er verurteilt wurde, der Präsident von dem Gericht war, von dem Norbert Fischer verurteilt wurde. Sein Gehilfe saß wegen diverser Sexualdelikte ein. Die beiden bildeten ein gutes Gespann und durchforsteten leidenschaftlich den Bibliotheksbestand nach Büchern über Fische und nach Kochbüchern. Über die Gefängnisverwaltung durften sie auch Bücher für die Bibliothek bestellen. Neben antiquarischen Büchern orderten sie auch Neuerscheinungen ihrer Lieblingssachgebiete. Ihre gemeinsame Leidenschaft führte dazu, dass sie eigene Rezepte entwickelten und mit den Gefängnisköchen auch ausprobieren konnten. Einen Monat lang stand fast täglich Fisch auf dem Speiseplan, weil auf dem Markt in Basel Unmengen Hechte angeboten wurden, die die Bevölkerung wegen der vielen Gräten nicht kaufte, sodass die Gefängnisverwaltung sehr günstig einkaufen konnte.

W.N. **Zwischen Gestern und Heute**, 2004, Assemblage, 90 x 90 cm

Aus einem alten Kochbuch:

Hecht, blau zu kochen (für 4-6 Personen)

Zutaten: 30 g Salz, 1 Gewürzdosis (kann auch fortfallen), 30 g Zwiebeln, 20 g Suppengrün, 3 L Wasser. Salz bei kleineren Fischen beträchtlich verringern.

Zubereitung: Fische vorbereiten. Auf Fischhalter festlegen oder in Mundtuch einbinden, mit lauem Wasser bedecken. Auf 1 L Wasser bei einem großen Hecht 10 g Salz. Gewürz, Zwiebeln, Suppengrün nach Geschmack daran. Blaue Fische sehr vorsichtig auf angefeuchtetem Brett behandeln, Fischleim nicht beschädigen, nicht mit Essig begießen, dadurch werden sie hart, verlieren Geschmack. Nur im Notfall, wenn kein Schleim mehr da ist, Farbe durch Überguss von Essigwasser erhöhen, Fische dann mit Papier bedecken, ¼ Stunde in Zugluft stellen. Ganze Fische oder große Fischstücke langsam im offenen Gefäß zum Kochpunkt bringen. Fische aufkochen lassen, dann zum Ziehen ganz vom Feuer nehmen, um gar ziehen zu lassen. Wenn Fleisch an Kiemen weiß, nicht mehr blutig ist, ist Fisch gar. Auf Bauchseite stehend anrichten, beliebig mit Petersilie, Salat, Selleriekraut, Kresse, Zitronen, Fischleberstückchen, ausgestochenen Kartoffeln usw. ausschmücken.

Dazureichen: Braune zerlassene oder zu Sahne geriebene, auch frische Butter, Kräuter-, Mostrich-, Worcesterbutter- oder besondere Tunken, wie Austern-, Champignons-, Krabben-, Holländische, Hummer-, Krebstunke usw.

Zeitdauer der Bereitung: 1 ½ Stunde

C.J.N. **Pure Food Fish Market**, 2010, Foto

Grüner Hecht (für 4 Personen)

Zutaten: 50 g fein geschnittenes Suppengrün, besonders Petersilienwurzel, 1 Gewürzdosis,

1 ½ L Wasser, 40 g Butter, 20 g Salz, 50 g Mehl, 20 g gewiegte Zwiebeln, 3 Eßl. gewiegte Petersilie, 1/16 L Milch, 1 Prise weißer Pfeffer

Zubereitung: Fisch schuppen, waschen, in handbreite Stücke schneiden, ausnehmen, dass Stücke rund bleiben. Wurzelwerk und Gewürze mit 1 ½ L Wasser, bedeckt, durchkochen. Dann Fischstücke mit 10 g Butter und Salz in überstehende Flüssigkeit legen und Fisch zugedeckt in 15 Minuten langsam gar ziehen lassen. Im Topf Mehl und Zwiebeln mit übriger Butter schwitzen, ¾ L Fischbrühe langsam dazugießen, 10 Minuten kochen lassen; Tunke durch Sieb rühren, Petersilie zufügen, Fisch mit Tunke heiß werden lassen, Milch, Pfeffer dazufügen, anrichten. Oder: Wurzelwerk darin lassen, mit Mehlschwitze im Fischtopf verkochen. Tunke durch Eigelb abziehen, nahrhafter machen. Sorgfältig abschmecken.

Zeitdauer der Bereitung: 1 ½ Stunde

Besondere Bemerkungen: Oder: anstatt Mehlschwitze 30 g in Wasser gelöstes Kartoffelmehl als Bindung zur Tunke verwenden. Anstatt Petersilie auch Dill oder Kerbel oder auch eine Mischung von verschiedenen Kräutern verwenden.

Restverwendung: Fischwasser und Gemüse zu Fischsuppe.

W.N. **Meeresfrüchte**, 2006, Assemblage, 90 x 90 cm

Hecht, gespickt (für 4 Personen)

Zutaten: 1 kg Fisch, 30 g Speck in feinen Streifen, 10 g Salz, 1 Prise weißer Pfeffer, 60 g Butter, 20 g Zwiebeln, 1 Gewürzdosis, ¼ L Apfelwein, Brühe, Sahne, Milch und Wasser, 10 g Kartoffelmehl, 2 Eßl. Apfelwein oder Wasser, Würze, 2 Eßl. Tomatenmus oder 2 Tropfen Speisefarbe

Zubereitung: Hecht schuppen (unterhalb des Kopfes), ausnehmen (ohne ihn ganz aufzuschneiden), indem man Darmende löst, mittels Quirlstiel alle Eingeweide herausschieben, waschen; an beiden Rückenseiten leichte Einschnitte machen; Rückenhaut abziehen, Rücken fein spicken, Fisch innen mit Salz ausreiben. Entweder Mohrrübe in Bauch legen oder ihn mit Füllung, kleinem Frikassee oder Champignons mit Tunke füllen. Auf runder Schüssel anrichten, Maul an Schwanz binden, in Bratpfanne setzen, mit etwas Salz, weißem Pfeffer bestreuen, mit brauner Butter begießen, Zwiebel, Gewürz dazufügen. Während Bratzeit nach und nach Wein, Brühe, Sahne oder Milch, Tomatenmus (Farbe!) darangießen. Unter fleißigem Begießen im Ofen bei 138° C 40 Minuten gar braten. (Großer Hecht bedarf zum Braten ¾ Stunde.) Pfanne abkratzen, Tunke entfetten, mit in Wein verrührtem Kartoffelmehl binden, Tunke durch Sieb gießen, Fisch mit fertiger Tunke überfüllen, Leber einige Zeit dünsten, ins Maul stecken. Mit kleinen Kartoffeln, Makkaroni, Sauerkohl, häufig auch mit Gemüsen, wie Morcheln, Schoten und Spargel verzieren, anrichten.

Zeitdauer der Bereitung: 2 Stunden

C.J.N. **Pike Place Chinese Cuisine,** 2010, Foto

Hecht, gedämpft (für 4 Personen)

Zutaten: 1 ¼ kg Fisch, 15 g Salz, 1 Prise weißer Pfeffer, 60 g Butter, 2 Teel. Zitronensaft, 10 g Mehl, 1 Eßl. Wasser

Zubereitung: Fisch vorbereiten, in Wasser waschen, abtrocknen, je nach Größe des dickwandigen Kopfes Fisch ganz lassen, aber Maul und Schwanz mit Bindfaden verbinden, oder ihn in Portionsstücke schneiden oder entgräten und zu Portionsstücken aufrollen, leicht salzen, pfeffern,

Zitronensaft, Butter in Stücken dazufügen. Topf mit fest schließendem Deckel auf mäßige Herdhitze stellen oder in nicht zu sehr erhitztem Ofen oder Grude schieben. In einer Stunde Topf öffnen, Fisch ist dann aromatisch mit genügender Tunke. Mit gewiegter Petersilie überstreuen, mit Zitronenscheibe verzieren, mit Tunke in tiefen Napfe anrichten. Selbstkochergericht.

Zeitdauer der Bereitung: 1 ½ Stunde

Besondere Bemerkungen: Tunke auch nachträglich mit Mehlschwitze von 20 g Mehl und 20g Butter verdicken und gewiegte Petersilie in Tunke tun und zum Fisch Beigabe von 30 g Suppengrün oder 1 Tomate in Stücken oder 50 g fein gewiegte, durch Sieb gestrichene Sardellen oder 50 g Parmesankäse oder gewiegte Champignons mitdämpfen.

L.H. **Ankerbrot**
2010, Foto

L.H. **Fischtopf**, 2010, Foto

Schüsselfisch (für 4 Personen)

Zutaten: 1 kg Hecht, 90 g Sardellen, 60 g Butter, 30 g geriebene Semmel, 1 Teel. gehackte Kapern, 1 Teel. Gewiegte Petersilie, 4 gewiegte Schalotten, 1 Prise weißen Pfeffer, 5 g Salz, 1 Eßl. Zitronensaft, 1/8 L Apfelwein, 1/8 L Wasser

Zubereitung: Fisch schuppen, ausnehmen, waschen, in Stücke schneiden, halbieren. Sardellen waschen, mit 30 g Fett stoßen, durch Sieb reiben.

Aus allen Zutaten Brei bereiten, Hälfte Brei auf feuerfeste Schüssel streichen, Fischstücke darauflegen, mit anderen Hälfte Brei bedecken, Schüssel in Ofen setzen, Fisch in 40 Minuten bei 120° C gar werden lassen und in Schüssel zu Tisch bringen.

Zeitdauer der Bereitung: 2 Stunden

C.J.N. **City Fish Market,** 2010, Foto

Hecht, gefüllt (für 4 – 6 Personen)

Zutaten: 1 Fisch von 1 kg, 1 Fisch von 500 g, 40 g Speck, 40 g Butter, 70 g abgeriebenes Milchbrot,

2 Eier, 25 g gewiegte Kapern, 2 Eßl. Petersilie, 10 g Salz, 1 Prise weißen Pfeffer, ¼ L Milch oder Wasser, 3/8 L saure Sahne oder Milch, ½ Zitrone, 1 Strauß Petersilie, 12 g Kartoffelmehl.

Zubereitung: Größeren Fisch vorsichtig schuppen, Haut nicht zerreißen, ausnehmen, waschen, Rückengräte bis zum Kopf herauslösen, dabei vom Schwanz anfangen (Schwanzflosse bleibt am Fisch), sie von innen herauslösen, am Kopf abschneiden, ohne Fisch äußerlich zu verletzen. Kleineren Fisch aus Haut und Gräten schneiden, mit Fischlebern wiegen, mit gewiegtem Speck, 40 g Fett, eingeweichtem, ausgedrücktem Milchbrot,, Eiern, Kapern, Petersilie, Salz, Pfeffer fein verarbeiten. Masse durch Sieb streichen, in entgräteten Fisch legen, zu natürlicher Form zunähen, mit gestutzten Flossen der Länge nach oder rund binden, in Bratpfanne legen, mit heißer Flüssigkeit begießen, in Bratofen schieben, unter öfterem Zugießen von Sahne oder Milch bei 110-135° C gar dämpfen. Fisch auch im Schmortopf auf Herdplatte 1 ½ Stunde bei langsamer Hitze schmoren. Beim Anrichten mit Zitronenscheiben und Petersilie, mit ausgestochenen Salzkartoffeln verzieren, mit Kartoffelmehl sämig gemachte Tunke oder Kaperntunke dazureichen.

Zeitdauer der Bereitung: 2 ½ Stunde

C.J.N. **Market Grill**, 2010, Foto

Gegrillter Seehecht

Zutaten: Fisch, die Marinade aus: 4 Eßl. Essig, 1 Eßl. Mango-Chutney-Sauce, 1 Teel. süßen und 1 Teel. scharfen Senf, Tomatenmark, Salz, Pfeffer, 1 Knoblauchzehe, 3 Eßl. Olivenöl, 1 Strauß Petersilie,1 Strauß feingehackten Dill

Zubereitung: Fisch säubern, ohne Mittelgräte, aufklappen, Marinade darübergießen, 2 Stunden ziehen lassen, noch mal mit Marinade übergießen und 10 Minuten grillen oder backen. Feine Erbsen und Möhren dazugeben, würzen und nochmals zusammen mit dem Hecht 8 Minuten braten oder grillen. Fisch und Gemüse warmstellen. Derweil 2 Stücken Schmelzkäse erwärmen, mit kleiner Menge Wasser glattrühren und über Fisch und Gemüse geben. Das Ganze mit Kartoffelpüree zu Tisch bringen.

Zeitdauer der Bereitung: 2 ½ Stunde

Das ganze Gefängnis stank nach Fisch, bis die Insassen zu rebellieren begannen, weil sie keinen Fisch mehr sehen, noch essen und noch riechen konnten. Danach beschränkten sich die beiden Bibliothekare nur noch gedanklich mit Fischen und deren Verwendung in Speisen. Im Gefängnis war wieder Ruhe eingekehrt. Nach seiner Entlassung schrieb Norbert Fischer mehrere Romane, die er unter dem Pseudonym Christoph Geiser publizierte und die von der Literaturkritik in den wichtigsten deutschsprachigen Zeitungen sehr positiv besprochen wurden.

Norbert Fischer pendelte zwi-

W.N. **Der Gourmet-Turm,** 2006
Assemblage, 110 x 60 cm

schen seinen beiden Wohnsitzen Basel und Berlin hin und her. Eines Tages lernte er den Berliner Künstler Peter Hauser kennen, der häufiger auch in Weimar ausstellte. Das Kennenlernen der beiden beschreibt Norbert Fischer so: *Und am Tresen, vor dem abgehobenen Glas auf dem Bücherstapel, der beständigste Stammgast. Vor einem Glas Rotwein. Immer beschäftigt mit irgendwas. Geschäftig. Im ledernen Rucksack die Wegzehrung. Schreiben & Lesen. Ein Kollege?* Es entwickelte sich eine Freundschaft zwischen den beiden. Fischer fragte Hauser, ob er nicht für ihn eine Lesung aus seinem Buch: *Das Gefängnis der Wünsche*, in Weimar organisieren könne. Das sei ein lang gehegter Wunsch von ihm, insbesondere deshalb, weil der Roman über Goethe und de Sade damit endet, dass beide 1989, nach dem Mauerfall, in Weimar zusammentrafen.

Nach einem halben Jahr fand die Lesung von Christoph Geiser im Goethe-Institut in Weimar statt. Kurz vor der Lesung trafen sich der Direktor des Goethe-Instituts und der Autor im *Hotel Elefant,* um sich kennenzulernen und um für die Lesung die letzten Absprachen zu halten. Bei einem Glas Bier brach unvermittelt im Mund

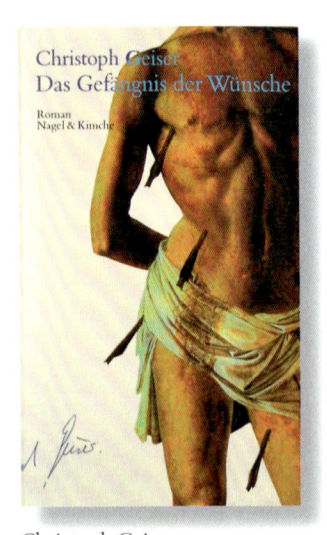

Christoph Geiser
Das Gefängnis der Wünsche
Roman, 1992

W.N. **Gefängnis der Wünsche**, 2007
Buchobjekt, 63 x 51,1 x 6,3 cm

von Christoph Geiser ein Draht zur Befestigung eines Provisoriums ab. Bei jeder Zungenbewegung pickte der Draht in seine Zunge. Der Direktor, der dies natürlich mitbekommen hatte, fragte Christoph Geiser, ob er überhaupt in diesem Zustand lesen könne. Die Lesung fand statt. Der Autor las, vermutlich unter großen Schmerzen, was er sich nicht anmerken lies, eine Dreiviertelstunde lang aus seinem Roman. In immer kürzer werdenden Zeitabständen musste er sich das Blut am Munde abwischen. Die Zuhörer litten mit. Der Inhalt des Buches und das, was die Zuhörer real vor sich sahen, vermischten sich in ihren Köpfen zu einem gewaltigen Lesedrama. Die Lesung war zu Ende. Der Autor beantwortete geduldig die Fragen der Besucher und vor allem die des Direktors des Instituts. Dieser Teil der Veranstaltung war fast so lang wie die eigentliche Lesung. Auch das überstand Christoph Geiser. Aus einem weißen war inzwischen ein rotes Taschentuch geworden. Der Schriftsteller konnte jedoch erst bei einem oder mehreren Gläsern Rotwein in der anschließend stattfindenden Ausstellungseröffnung des Künstlers Peter Hauser mit dem Titel: *Das Abecedarium der Dinge*, durch die Betäubung seiner Zunge ein wenig entspannen.

Peter Fischer, der immer noch am Tresen der Berliner Eckkneipe saß und an seinen Vater, Norbert Fischer alias Christoph Geiser gedacht hatte, spürte plötzlich einen imaginären Schmerz im Mund.

Ausstellungseinladung 2007

Er bestellte ein weiteres Bier, um dieses unangenehme Gefühl loszuwerden. Peter Fischer wurde 1976 in Basel geboren, ging zum Gymnasium, spielte in seiner Freizeit häufig Klavier. Das Klavierspielen hatte er in der Musikschule Neefe gelernt, deren Vorfahren schon Beethoven das Klavierspiel beigebracht hatten. Er studierte Meeresbiologie und promovierte mit einer Arbeit: *Über die Seupen*. Die Seupen sind hechtähnliche Fische mit einem völlig transparenten Körper. Das Skelett und jedes Organ ist in seiner Glasklarheit deutlich erkennbar. Die Seupen konnten wie Hechte schwimmen, aber sie konnten sich auch mit zwei Flossenpaaren auf der Unterseite, die sie wie Extremitäten einsetzten, auf dem Grund fortbewegen. Diese Art ist tausende von Jahren alt und lebte in dunklen Wassern, meist Höhlengewässern. Nach seinem Studium fand Peter Fischer in einem Verlag eine Anstellung. Nach relativ kurzer Zeit stieg er zum Marketingdirektor auf und verdiente eine Menge Geld dabei. Nach

Originalumschlag 1990

drei Jahren kündigte er und gründete einen eigenen Verlag namens *FisherPress*, der Bücher, die Themen aus den Bereichen Meeresbiologie und Umweltschutz mit dem Schwerpunkt Wasser und Züchtungen zum Inhalt hatten, publizierte. Er gab auch eine wissenschaftliche Hochglanzzeitschrift zu diesen Themen heraus, in der häufig Beiträge von Mitgliedern der Basler Zoologischen Gesellschaft, eine der ältesten der Welt, zu finden waren.

W.N. **Der Fisch,** 2003, Assemblage, 42 x 50 cm

W.N. **Die Seupe**, 1968
Zeichnung, 13 x 18 cm

Über Jahre war sein Verlag erfolgreich. Doch der Erfolg war dem Verleger zu Kopf gestiegen. Er vernachlässigte seine Arbeit und seine Familie. Größer und größer werdende Autos und Frauen, die immer jünger und blonder wurden, bestimmten immer mehr sein Leben. Koks und übertriebener Alkoholgenuss verfehlten auf Dauer ihre Wirkung nicht. Zwar absehbar für ihm Nahestehende, doch offensichtlich nicht für ihn, brach sein System wie ein Kartenhaus zusammen und er landete im Irrenhaus.

Nach einem Jahr wurde er entlassen und fand eine Stelle als Kulissenschieber und Vorhangzieher in einem Berliner Theater. Auf den Proben zu dem Stück von Werner Schwab: *Volksvernichtung oder Meine Leber ist sinnlos*, hatte er Dienst. In der Kantine des Theaters lernte Peter Fischer einen Tag vor der Premiere Werner Schwab, der vom Theater eingeladen war, kennen. Auf irgendeine Art und

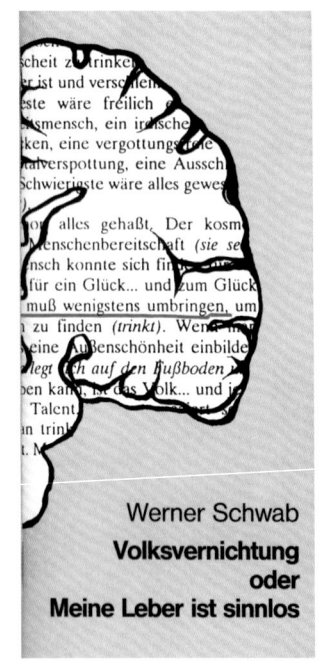

Programmheft
Berliner Ensemble, 1991

Weise fanden sie sofort einen Draht zueinander. Vielleicht war es der Alkohol. Nachdem Peter Fischer seinen Job am Vortag zur Premiere erledigt hatte, zog er mit Werner Schwab durch die Lokale am Savignyplatz, vom *Diener* über den *Zwiebelfisch*, und schließlich landeten sie im *Cafe Hegel*. Inzwischen hatte Schwab etliche Biere getrunken und immer einen Wodka dazu. Schwabs Freundin Lisa trank nur Rotwein, aber dies bis zum Umfallen. Peter Fischer hielt sich eher zurück. Sie unterhielten sich intensiv über Theater und Kunst. Schwab wollte ursprünglich Bildhauer werden. Obwohl extrem alkoholisiert, formulierte Schwab seine Gedanken ganz klar und präzise. Gegen 1 Uhr am Morgen war Schwab völlig betrunken, seine Freundin schon eine Stunde zuvor. Um nüchtern zu werden, hatte Schwab eine eigene Methode entwickelt. Er trank einfach eine Stunde lang schwarzen Kaffee, Tasse auf Tasse, und dazu jeweils einen Cognac. Dann war er wieder klar im Kopf. Mit Bier und Wodka ging es dann wieder weiter. Gegen 3 Uhr morgens brachte Peter Fischer Schwab und seine Freundin zum Taxi. Er selbst musste dringend ins Bett, denn er war um 10 Uhr zur

Generalprobe eingeteilt. Am Abend, kurz vor Premierenbeginn, sahen sich Peter Fischer und Werner Schwab wieder. Sie begrüßten sich herzlich. Kurz darauf läutete die Einlassglocke zum ersten Mal. Fischer ging zu seinem Platz hinter der Bühne und Schwab setzte sich in die Mitte der sechsten Reihe neben die Frau des Bühnenbildners. Nach dem zweiten Akt war eine Pause vorgesehen. Kurz zuvor war Schwab eingeschlafen. Sein Kopf lag auf der Schulter der neben ihm sitzenden Frau und er schnarchte so laut, dass die Schauspieler, auch das Publikum, irritiert waren. Pause. Schwab wachte auf und ging in die Kantine, um einen Muntermacher zu sich zu nehmen. Er trank ein Bier, dazu einen Wodka. Nach der Pause, beim dritten Läuten ging er wieder auf seinen Platz zurück und schlief schnell wieder ein und schnarchte noch lauter. Den dritten Akt hatte er somit fast vollständig verpasst. Durch den stürmischen und lang anhaltenden Beifall am Schluss des Stückes wurde er aufgeweckt und die Schauspieler holten den Autor zum Verbeugen auf die Bühne. Erst jetzt bekam das Publikum mit, dass der Schnarcher der Autor des gerade gespielten Theaterstückes war. Peter Fischer traf Schwab anschließend wieder in der Kantine bei Bier und Wodka. Lisa war mittags schon wieder nach Wien abgereist. Sie sprachen auf der Premierenfeier kurz miteinander, dann war Schwab verschwunden. Das, was Schwab im *Cafe Hegel* angekündigt hatte, dass sein Leben nicht mehr von langer Dauer sein würde, las Peter Fischer sechs Monate später in der Zeitung. Schwab hatte sich in der Sylvesternacht totgesoffen.

Peter Fischer wurde nach einem halben Jahr vom Technischen Direktor fristlos entlassen. Die Gründe waren seine wiederholt auftretenden Alkoholprobleme und die damit verbundene Unzuverlässigkeit. Dann versuchte er sich als Hilfsklempner. Bei seinem ersten Einsatz vor Ort in einer Villa in Berlin-Grunewald sollten sie, der Klempner und er, ein Problem an der Wasserpumpe des Pools beseitigen. Die Ursache war schnell gefunden. In der Wasserpumpe hatte sich ein Hecht verfangen und sich durch die Pumpe selbst zerstückelt. Sie wunderten sich darüber, wie der Hecht in den Swimmingpool gekommen war. Der Besitzer wusste auch keine Antwort darauf.

Auch dieser Job war nur von kurzer Dauer. Er fand jedoch schnell einen neuen Job als freier Handelsvertreter für Kahlaer Porzellan. Von sei-

L.H. **Der leere Teller mit Fischbesteck,** 2010, Foto

nen Musterstücken war schon bald keines mehr aus einem Stück. Man sagt zwar, *Scherben bringen Glück,* ihm aber brachte es nur die Kündigung ein. Mit Geschick und seiner noch immer abrufbaren großen Redegewandtheit fand er kurz darauf eine Stelle als Hilfsgärtner auf einem kirchlichen Friedhof, einem Waldfriedhof, der terrassenförmig angelegt war. Diese Arbeit machte ihm viel Spaß. Doch sein altes Problem bewirkte wiederum seine Entlassung.

  Die Folge war, dass er seine Miete nicht mehr bezahlen konnte und auch seinen sonstigen Verpflichtungen konnte er nicht mehr nachkommen. Es kam, was kommen musste. Er hatte den Schritt in die Obdachlosigkeit getan. Er lag im Tiergarten ständig auf der Lauer nach Dingen, die Spaziergänger auf Liegewiesen oder Parkbänken absichtlich liegen ließen oder vergessen hatten, die für ihn auf irgendeine Art verwertbar waren. Das Stadium des Bettelns hatte er noch nicht erreicht. Seine Kleidung machte auch noch einen relativ guten Eindruck. Für seine Utensilien hatte er einen Rucksack dabei, der jedoch etwas seltsam auf dem Rücken eines weit über zwei Meter großen Mannes aussah. Gelegentlich spielte Peter Fischer mit einem anderen Obdachlosen, der auf den Namen Bobby hörte, Schach. Bobby war eine Art *Schweizer Degen* oder *Französisches Bajonett*[4]. Er hatte eine Ausbildung als Lithograph und eine als Buchdrucker. Nach einigen Jahren, die er in einer Druckerei angestellt war, gründete er seine eigene Druckerei, die er auch erfolgreich führte. Seine Freizeit war sehr knapp bemessen, denn es gab noch eine Familie mit zwei hübschen Töchtern, die sich sehr ähnlich sahen. Nadine arbeitete als Tierpräparatorin im Naturkundemuseum und war spezialisiert auf Fische. Sie hatte die Seupe, über die Peter Fischer seine Doktorarbeit geschrieben hatte, präpariert und diese war auch weltweit die einzige, die in einem Naturkundemuseen stand. Ihrer Schwester trug sie gelegentlich ihre Lieblings-

L.H. **Präparierter Hecht,** 2010, Foto

stelle aus dem Roman von Peter Marginter *Der Baron und die Fische* vor, die da heißt: „*Die Wände zwischen den hohen Fenstern waren bis hinauf zu dem prunkvollen Deckengemälde, das den Triumph*

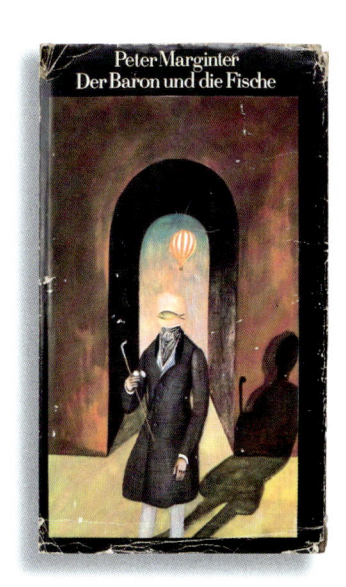

Originalumschlag 1969

der Wissenschaften darstellt, mit Regalen verkleidet, in denen, teils in spiritusgefüllten Gläsern, teils trocken präpariert und aufeinander geschichtet, tausende von Fischen aufbewahrt wurden. Ein ganzes Abteil barg eine Kollektion von Fischkonserven: Türme sorgfältig klassifizierter Sardinendosen, Heringsfilets in verschiedenen Saucen, Thunfisch, Makrelen und Haifischflossen. In anderen Fächern hingen sauber gebleichte Fischskelette. Eine lange Reihe ledergebundenen Folianten enthielt, auf feinstes Pergament geklebt, flach gepresste Fischhäute, eine ganze amphibische Garderobe."

Katinka arbeitete bei einer Tierärztin, die auch auf Fische spezialisiert war, um die Zeit bis zu ihrer Zulassung zum Studium der Veterinärmedizin zu überbrücken. Mit den Besitzern der Fischpatienten kam sie gut zurecht.

In der wenigen verbliebenen Zeit spielte Bobby Hockey auf der Position eines Stürmers in einem Berliner Klub und sammelte leidenschaftlich Emailschilder.

L.H. **Präparierter Hechtkopf**, 2010, Foto

Originaleinband, 1896

Die Familie der Hechtfische findet ihren Hauptvertreter in unserem allbekannten Hecht (Esox lucius). An dem langgestreckten, walzenförmigen Körper sitzt ein nach vorn abgeplatteter Kopf, der in eine entenschnabelähnlich weit gespaltene Schnauze verlängert ist, an welcher der mit großen Fangzähnen besetzte Unterkiefer vorsteht. Die

Hecht.

Rückenflosse steht sehr weit nach hinten, der Afterflosse gegenüber, die Bauchflossen mitten am Bauch, die Schwanzflosse ist ausgeschnitten. Der Fisch ist oben dunkel graugrün, an den Seiten olivengrün und gelb oder silbern marmoriert, der Bauch weiß, die Brust- und Bauchflossen sind rötlich, Rücken- und Afterflossen bräunlich mit schwarzen Flecken. Die Jungen, mehr grünliche Tiere, werden mit dem besonderen Namen Grashechte bezeichnet. Der Fisch erreicht gewöhnlich $1/2$ bis 1 m Länge, in seltenen Fällen wird er 2 m lang und kann bis zu 70 Pfund schwer werden. Im nördlichen und mittleren Europa bewohnt er alle Binnengewässer, geht aber auch ins Meer, wenigstens in der Nähe der Flußmündungen. Seine Gefräßigkeit und Raubgier, verbunden mit großer Kraft und Gewandtheit im Schwimmen, finden in der ganzen Fischwelt nicht viel ihresgleichen. Er verschlingt nicht nur alle kleineren Wassertiere, sondern zieht sogar kleine Wasservögel in die Tiefe. Ja, man hat beobachtet, daß er selbst nach Tieren, welche sich am Ufer befanden, aus dem Wasser sich herausschnellend, geschnappt hat. Daß dieser furchtbare Räuber in Gewässern, die dem Fischfang oder gar der Fischzucht dienen sollen, nicht geduldet werden darf, ist selbstverständlich. Anderseits bildet aber sein schmackhaftes, grätenarmes, fettes Fleisch eine vortreffliche Speise, und er wird angesichts seiner großen Lebensfähigkeit auch weithin lebend versandt. Man fängt ihn in Netzen, an der Angelschnur oder auch mit der Schleife, denn da er bei seinem Lauern auf Beute unbeweglich auf einem Fleck im

Wasser still zu stehen pflegt, so ist es sehr leicht, ihm eine Schleife aus Pferdehaar über den Kopf zu ziehen und ihn so mit einem Ruck aus dem Wasser herauszuschnellen.

Das Buch der Tierwelt, Seite 701

L.H. **Fischkonserven I-IV**, 2010, Fotos

II

III

IV

Bobby und Peter Fischer spielten mit einem besonderen Schachspiel, das Bobby gehörte. Es sah etwas ramponiert aus und war von den Abmessungen etwas größer als ein normales Schachbrett. Die Figuren waren das Besondere. Es waren aus Holz geschnitzte und wirklichkeitsgetreu bemalte Fischhälften vom oberen Teil der Fische. Die Schachfiguren symbolisierten unterschiedliche Fischsorten. Der Hecht war der König und die Heringe stellten die Bauern dar. Manchmal spielten sie stundenlang. Sie waren auch etwa gleich stark im Spiel, so dass mal Peter Fischer gewann, mal Bobby. In den Pausen, die sie einlegten, führten sie interessante Gespräche, die sich häufig um Fische drehten.

Sie hatten ein Frage-Antwort-Spiel entwickelt, in dem der Fragesteller für eine Frage mit unterschiedlichem Schwierigkeitsgrad entweder 20 oder 50 Cent, bei sehr schwierigen Fragen 1 Euro ausgelobt hatte. Abwechselnd stellten sie sich die Fragen, wie zum Beispiel:

Woher kommt der Ausspruch:
Es zieht wie Hechtsuppe [5], eine 20 Cent-Frage
Was ist ein Fischauge[6], eine 20 Cent-Frage
Was ist der Fischerring[7], eine 1 Euro-Frage

L.H. **Fischauge**, 2010, Foto

Was ist ein Fischpaternoster[8], eine 1 Euro-Frage
Woher kommt der Ausspruch:
Der Fisch stinkt vom Kopf her[9], eine 50 Cent-Frage
Was ist eine Fischfolterbank[10], eine 1 Euro-Frage
Was ist ein Zwiebelfisch[11], eine 20 Cent-Frage
Was ist Fischleder[12], eine 20 Cent-Frage
Woher kommt der Ausspruch:
Butter bei die Fische[13], eine 20 Cent-Frage
Was ist eine Fischlupe[14], eine 20 Cent-Frage
Was ist ein Fischbein[15], eine 50 Cent-Frage

Woher kommt der Ausdruck:
Weder Fisch noch Fleisch[16], eine 20 Cent-Frage
Was ist eine Fischgrätenfrisur[17], eine 50 Cent-Frage
Woher kommt der Ausdruck:
Fische fängt man mit Angeln, Leute mit Worten[18], eine 20 Cent-Frage
Woher kommt der Ausspruch:
Vor dem Netze fischen[19], eine 20 Cent-Frage
Woher kommt der Ausspruch: *Der Hecht im Karpfenteich*[20], eine 20 Cent-Frage
Was bedeutet der Ausdruck: *Der Fisch ist geputzt*[21], eine 10 Cent-Frage
Was bedeutet es:
Wenn es Fische regnet[22], eine 20 Cent-Frage
Was ist Fish Art[23], eine 50 Cent-Frage
Wer ist die heilige Catharina der Hechte[24], eine 50 Cent-Frage
Was ist ein Fischhebewerk[25], eine 1 Euro-Frage
Was sind schottische Fischstäbchen[26], eine 20 Cent-Frage
Was ist die Hechtstraße[27], eine 50 Cent-Frage
Was ist ein Fisch-Zeichen[28], eine 20 Cent-Frage
Was sind Angelwürmer[29], eine 20 Cent-Frage
Was bedeutet der Ausdruck:
Der Fisch muss schwimmen[30], eine 50 Cent-Frage

L.H. **Hechtgraben**, 2010, Foto

Was bedeutet:
Ein Familienbesuch ist wie ein Fisch, nach drei Tagen fängt er an zu stinken[31], eine 50 Cent-Frage
Was ist ein Fischhoroskop[32], eine 20 Cent-Frage
Woher kommt der Ausdruck: *Im Trüben fischen*[33], eine 50 Cent-Frage
Was ist Paternosterangeln[34], eine 20 Cent-Frage
Was ist ein toller Hecht[35], eine 20 Cent-Frage
Was ist ein Fischgrätenverband[36], eine 20 Cent-Frage

Diese und noch andere Fragen stellten Bobby und Peter Fischer sich und bei richtiger Antwort wechselte die Münze den Besitzer.

Manchmal erzählten sie sich auch Geschichten oder rezitierten Gedichte, wie den Gedichtanfang von Christian Morgenstern:

Der Hecht
Ein Hecht, vom heiligen Anton
bekehrt, beschloß, samt Frau und Sohn,
am vegetarischen Gedanken
moralisch sich emporzuranken.

oder das Gedicht von Peter Hauser:

Mein Name sei Fisch
Fische schwimmen in Bächen,
Fische schwimmen in Flüssen,
Fische schwimmen in Seen,
Fische schwimmen in Meeren,
Fische sind einfach da
und sie können nicht weinen.
Wenn die Bäche ausgetrocknet sind,
wenn die Flüsse austrocknen,
wenn die Seen kleiner werden,
wenn das Wasser sich im Meer zurückzieht,
siehst du die Fische auf Flossen stehen.
Bald darauf siehst du Fische
auf ihren Flossen laufen.
Und aus den Flossen werden Füße,
und sie bauen sich Häuser,
stinkende Autos stehen davor,

*ihre Radios und Fernseher laufen heiß,
sie streiten sich,
machen kleine Fische,
manche spielen auch Krieg
und sie tun so, als wären sie Menschen.
Und wenn das Wasser doch wieder kommt,
müssen die Fische sich beeilen,
dass aus ihren Füßen wieder Flossen werden.*

oder lasen etwas aus einen Buch. Bobby hatte die Kurzgeschichte von Bertolt Brecht: *Wenn Haifische Menschen wären*, im Kopf und musste sie auf Wunsch von Peter Fischer immer wieder vortragen.

Einmal hatten sie richtigen Streit miteinander. Es ging um die Frage, wer *Sudoku* erfunden hatte. Bobby behauptete, dass Leonhard Euler seine lateinischen Quadrate unter dem Namen *Carré latin* im 19. Jahrhundert veröffentlichte, die nicht in Unterquadrate eingeteilt waren und in der Nachfolge von Howard Garns unter dem Namen *Number Place* mit einer

Bertolt Brecht
Gedichte und Geschichten, 1958

W.N. **Geldhaie**, 2010, Objekt

Römisches Zahlenrätsel von 254 v. Chr. am Beginn des 1. Punischen Krieges

Unterteilung in Unterblöcke 1979 in den USA veröffentlicht wurden, während Peter Fischer behauptete, dass das Zahlenrätsel bereits während des ersten Punischen Krieges (264-241 v. Chr.) von einem Galeerensklaven als römisches Zahlenrätsel erfunden wurde und die Japaner nur es abgekupfert haben, wie sie das ja bei allem tun. Als Beweis zeigte Peter Fischer ein kleines zerknittertes Stück Pergament, auf dem das römische Zahlenrätsel abgebildet war, das Fischer auf dem Trödelmarkt in Berlin-Tiergarten auf der Straße des 17. Juni in einem lateinisch-deutschen Wörterbuch entdeckt hatte. Und durch die Freundschaft zu dem Besitzer des Marktes, der auch Galerist und Autor ist, für kleines Geld, weil der Händler dem Marktbesitzer einen Gefallen tun wollte, gekauft hatte. Trotzdem einigten sie sich nicht. Bobby zweifelte die Echtheit des Pergaments vehement an.

An einem späten Freitagnachmittag beobachtete Peter Fischer zwei Jungen, Carmine und Tim, die mit Schulranzen und Angelzeug daher kamen und kurz darauf an der Schleuse zu angeln begannen. Sie fingen mehrere Fische, die zwischen fünfzehn und fünfundzwanzig Zentimeter lang waren. Kurz bevor sie eigentlich nach Hause wollten, der Hunger hatte sich eingestellt, war ein größerer Fisch an der Angel von Carmine.

Tim, **Carmine mit Hecht,** 2010, Foto

Der zirka 60 cm lange Hecht wehrte sich und es war nicht so leicht, ihn rauszuholen. Nachdem der Fisch auf der Wiese zappelnd herumlag, führten die beiden Freunde Freudentänze auf. Der Hecht, ein Wiesenlaicher, zappelte und zappelte, bis Carmine ihn waidgerecht getötet hatte. Sie packten die kleineren Fische in den Ranzen von Tim, den großen Hecht in den Schulranzen von Carmine. Durch einen Unfall und das Geschrei, ein Fahrradfahrer war mit einer Spaziergänger kollidiert, waren die Jungen abgelenkt und bemerkten nicht, wie der Obdachlose Peter Fischer die beiden Schulranzen entwendeten. Als sie sahen, dass ihre Ranzen verschwunden waren, war niemand weit und breit zu sehen.

Zu Hause mit hängenden Köpfen angekommen, weil sie natürlich Ärger befürchteten, dachte Carmine, dass seine Mutter, Pauline Allison Peters, ein Fernseh- und Computerspielverbot aussprechen würde.

Am Abend kam ein Telefonanruf aus der Berliner Eckkneipe, in der ein Obdachloser Peter Fischer saß, Bier trank und Finderlohn für den mitgebrachten Schulranzen forderte. Der Wirt rief Camines Mutter an, deren Wohnung in der

L.H. **Der Hecht im Schulranzen**, 2010, Foto

Nähe der Kneipe lag. Die Telefonnummer hatte er aus dem Schulranzen. Der Wirt sagte zu Frau Peters, dass ein ihm merkwürdig vorkommender, zwei Meter großer Mann von ihm Finderlohn für den Schulranzen ihres Sohnes verlange und er vermute, dass der Schulranzen von dem Mann gestohlen war. Carmines Mutter bestätigte den Diebstahl des Ranzens, woraufhin der Wirt den Obdachlosen aus dem Lokal hinauswarf. Er war dennoch großzügig und lies sich die Biere nicht bezahlen. Carmines Mutter holte noch am Abend den Schulranzen aus der Kneipe. Aus dem Ranzen fehlte nichts, nicht die Schlüssel, nicht die BVG-Monatskarte noch die Schulsachen, von der Federmappe bis Schulheften- und Schulbüchern und das Angelzeug, von verschiedenen Ködern, dem Zalt- und Zam-Wobbler, Jerkbaits und Gummifischen, nebst einer Shimano-Rolle *Stradic 4000*. Das Einzige, was aus dem Schulranzen fehlte, war **der Hecht**.

L.H. **Köder**, 2010, Foto

L.H. **Köder**, 2010, Fotos

Anhang, Fuß- und Fischnoten

1 *Fischtreppe, Fischlift und Fischpass:* Künstlich angelegter Fischweg zur Erhaltung der natürlichen Fischwanderungen an Schleusen und Wehren; ein kleiner Wasserlauf mit kleinen Staubecken wird an dem Hindernis vorbeigeleitet, sodass die Fische das Hindernis überwinden können.

C.J.N. **Kleine Fischtreppe,** 2010, Foto

C.J.N. **Kleine Fischtreppe**, 2010, Foto

L.H.
Verschnürt
1978, Foto

L.H.
Netze
1978, Foto

L.H.
Zum Trocknen
1978, Foto

L.H.
Fangzeug
1978, Foto

W.N. **Fischernetze,** 2010, Foto

C.J.N.
Köcher
2010, Foto

C.J.N. **Angelruten,** 2010, Foto

2 *Preßburg*: heute Bratislava.
3 *Fischerstechen:* Eine Geschicklichkeitsübung, bei der versucht wird, von zwei leichten Booten aus, mit Lanzen die jeweils andere Bootsbesatzung ins Wasser zu stoßen.
4 *Schweizer Degen*: Druckergeselle, der gleichzeitig auch den Gesellenbrief als Schriftsetzer hat
Französisches Bajonett: Ein Schweizer Degen, der gleichzeitig noch den Gesellenbrief als Lithograph hat.

W.N. **Stangen fürs Fischerstechen,** 2005, Fotos

L.H. **Fischerboote,** 1978, Foto

L.H. **Flossen,** 1978, Foto

W.N. **Hier zog es wie Hechtsuppe,** 2005, Fotos

5 *Es zieht wie Hechtsuppe:* ein Wortspiel, das sich daraus entwickelt hat, dass die Fischsuppen sehr lange ziehen müssen oder: Der falsch verstandene und verballhornte jiddische Ausdruck *hech supha*, der bedeutet *wie eine Windsbraut*, d. h. *wie ein Sturm.*

6 *Fischauge*, das: Ein fotografisches Objektiv, auch: Die Fähigkeit des Menschen, die ihn umgebenden Bilder als Panoramabild wahrzunehmen.

W.N. **Ein Augenblick,** Acryl auf Leinwand, 2006, 20 x 20 cm

C.J.N. **Das Bullauge**, 2010, Foto

7 *Fischerring* (Anulus piscatoris), der: Amtsring des Papstes, der seit dem 15. Jahrhundert regelmäßig getragen wird. Der Ring trägt das Bild des Apostels Paulus mit Fischernetz und den Namen des jeweiligen Papstes.

W.N. **Gedankenwäsche**, 1991, Foto mit Fischauge

C.J.N. **Ausblick**, 2010, Foto

Hartgummi

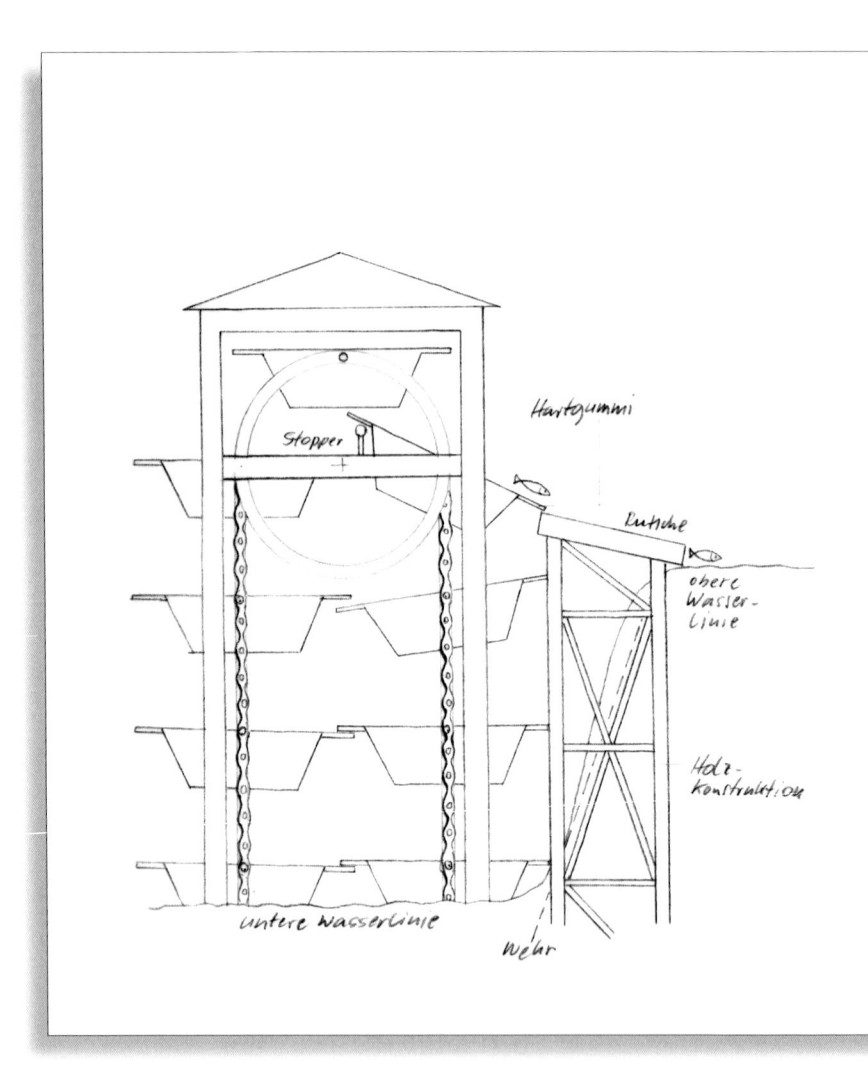

Stopper

Rutsche

obere Wasser-Linie

Holz-Konstruktion

untere Wasserlinie

Wehr

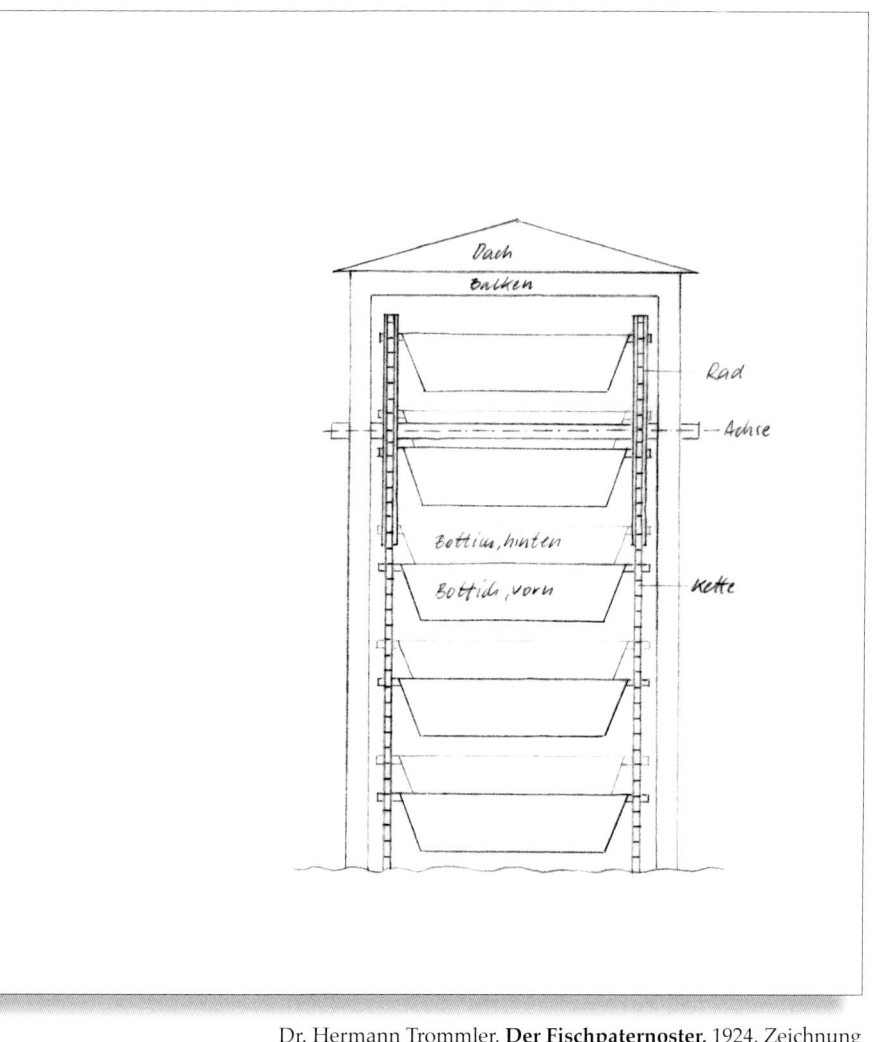

Dr. Hermann Trommler, **Der Fischpaternoster,** 1924, Zeichnung

8 *Fischpaternoster*, der: Vorform eines Fischaufzuges, bestehend aus einer Stahlkonstruktion, in der umlaufend, wie bei einem normalen Personenpaternoster, der mit dem katholischen Rosenkranz in Zusammenhang steht und früher auch als Paternosterschnur bezeichnet wurde, zwölf große, mit Wasser gefüllte Bottiche gegen den Uhrzeigersinn bewegt werden, um einen Höhenunterschied des Wassers an einem Wehr für Fische überwindbar zu machen. Der erste Fischpaternoster wurde von dem Physiker und Erfinder Dr. Herrmann Trommler 1924 erfunden, der bei Carl Zeiss in einem Forschungslabor arbeitete und täglich mit einem Paternoster, dessen Kabinen vollständig aus Holz waren, die Bibliothek im 14. Stockwerk des ersten in Deutschland gebauten Hochhauses aufsuchte. Diese beeindruckende Konstruktion wurde zwischen Kahla und Jena an einem Wehr auch aufgebaut. Leider steht dieses Bauwerk der Industriegeschichte heute nicht mehr.
9 *Der Fisch stinkt vom Kopf her:* Das Maul ist die größte Öffnung des Fisches. Hier können sich die Bakterien am Besten austoben; der Oxydationsprozess durch Sauerstoff erledigt das Übrige.

L.H. **Der Hecht in der Kloschlüssel,** 2010, Foto

10 *Fischfolterbank*, die: massive Holzbank, auf der Fische bearbeitet werden, auch: Eine schmale, lange Holzbank mit einer Zugvorrichtung aus einem Seil, zwei Messinghaken an den Stirnseiten der Bank, die in den Fisch eingehakt werden und einem Drehkreuz, durch dessen Drehung das Seil gespannt wird und die Fische in die Länge gezogen werden, auch:
Im Mittelalter wurde die Bank mit Zugvorrichtung als Folterinstrument eingesetzt, auch: Von

Goldschmieden angewandte Methode zum Ziehen und Dehnen von Gold- und Silberdrähten.

W.N. **Die Fischfolterbank** (Idee) 2010, L.H.(Foto), C.J.N.(Grafik)

11 *Zwiebelfisch,* der: eine Bleiletter, die vom Setzerlehrling bei der Rückführung der Buchstaben nach Auflösung eines Satzblockes fälschlicherweise in einen Setzkasten mit anderer Schrift oder Schriftgröße abgelegt wurde; auch: Name einer Berliner Literaturkneipe am Savignyplatz.

C.J.N. **Berliner Literatenlokal**, 2010, Foto
W.N. **Der Zwiebelfisch**, 2010, Objekt

12 *Fischleder*, das: feinstes Leder aus Fischhaut, Verwendung im alten Japan auch als Kondom.

W.N. **Aus der Serie Berliner Bücherfries**, 1982, Assemblage, 59 x 42 cm

13 *Butter bei die Fische:* Komme auf das Wesentliche, auch: Bring es auf den Punkt, und: Nur mit Butter ist ein Fischgericht vollständig und perfekt, auch: Zwei Rezepte für Hechte von Christian Lohse (Zwei-Sterne-Koch im Fischers Fritz).

L.H. **Christian Lohse in Fischers Fritz**, 2010, Foto

Grashecht:
Der Grashecht sollte 1 kg wiegen. Ihn vom Fischer ausnehmen lassen, schuppen, mit flüssiger Butter und mit grobem Meersalz bestreichen und bei 250 °C im Ofen 15 Minuten in einem gusseisernen Bräter garen. Die gesammelten Schorfheider Pilze mit einem Pinsel putzen, nicht schneiden in schaumiger Butter schnell goldbraun in einer Pfanne braten, mit grobem Meersalz würzen und um den Hecht herum legen. Dazu einige Speckbratkartoffeln geben und mit gezupftem Kerbel dekorieren. Als Soße servieren wir eine Beurre Blanc, dafür reduziert man zu gleichen Teilen Weißwein, Weißweinessig, Wasser, Schalottenwürfel und Zucker, dann mit gesalzener Butter sämig aufschlagen (250 g für 4 Personen). Und à part zum Fisch servieren. *Größten Genuss ergibt das Vorlegen des Bräters am Tisch, so dass jeder Gast sich selbst bedienen kann.*
Der Hechthecht:
Den Hecht ausnehmen, filetieren, enthäuten, grob hacken und mit gleichen Teilen Sahne in der Moulinette fein zu einer Masse mixen, durch ein feines Trommelsieb streichen, mit Salz würzen, etwas geschlagene Sahne unterheben, zu

löffelgroßen Nocken abstechen und in gesalzenem; leicht köchelndem Wasser langsam ziehen lassen, mit einer Schaumkelle dekantieren. In einer feuerfesten Form den Boden mit gebratenem Blattspinat auslegen, darauf die Hechtklöße anrichten und mit schaumiger Flusskrebssauce nappieren, sofort servieren und schlemmen.

Rezepte: Christian Lohse

14 *Fischlupe*, die: ein Echolot, das in der Seefahrt, besonders auf U-Booten eingesetzt wird, auch: Ein spezielles Senkblei mit dem Körper in der Form eines Fisches.

15 *Fischbein*, das: hornartige, sehr elastische, leichte, widerstandsfähige Substanz von Walen, die früher zur Herstellung von Schirmgestellen und Korsettstäbchen verwendet wurden.

L.H. + W.N. **Fischbeine**, 2010, bearbeitete Fotos

C.J.N.
**Kleid
aus Fischködern**
2010, Foto

16 *Weder Fisch noch Fleisch:* Nichts Richtiges, ein bisschen davon und ein bisschen davon.

W.N. **Der Mönch von Sentendre**, 2004, Foto

17 *Fischgrätenfrisur:* Erstmals von dem Franziskanermönch Kordulus von Apulien getragene

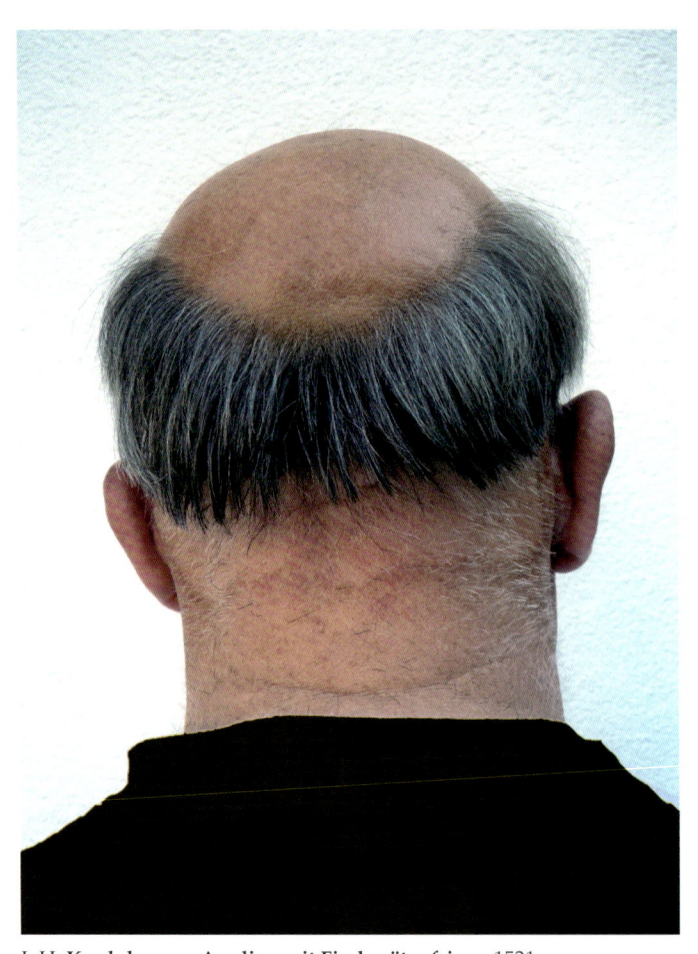

L.H. **Kordulus von Apulien mit Fischgrätenfrisur**, 1521

Haartracht; mit der Haartracht wurde Kordulus bekannt, berühmt wurde er für Kenner durch sein Buch *Codex de Pisces,* eine Inkunabel, ein großer Foliant, in Kalbspergament gebunden und mit wunderschönen Fischillustrationen von ihm selbst versehen.

18 *Fische fängt man mit der Angel, Menschen mit Worten:* Den habe ich am Haken und lasse ihn nicht oder nie wieder los.

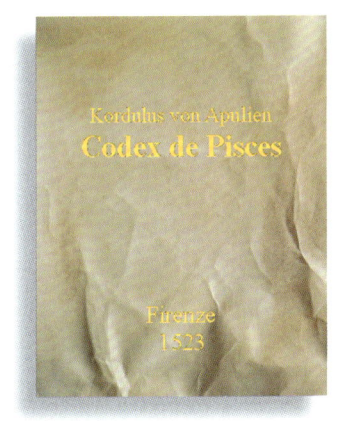

Originaleinband
1523

C.J.N.
Der Cop beschlagnahmt den Fisch
2010, Foto

19 *Vor dem Netze fischen:* Etwas Widersinniges tun, z.B. im Winter bei Glatteis und in betrunkenem Zustand auf einem Brückengeländer über die Saale am Paradiesbahnhof zu balancieren, wobei das Brückengeländer so breit ist, wie ein Schwebebalken und die Saale nur einen Meter tief. Und dies nur aus dem Grunde tun, um ein Mädchen zu beeindrucken. Eine Möglichkeit, auf komplizierte Art und Weise ins Paradies zu kommen, oder: Auf der Himmelswiese unterhalb der Leuchtenburg in der Dämmerung nach Engeln suchen.

C.J.N. **Mit den Händen,** 2010, Foto

20 *Der Hecht im Karpfenteich:* Früher: Ein Typ von Mann mit Elvisfrisur mit reichlich Pomade. Der Kamm musste aus der rechten Arschtasche herausragen. Heute: Ein Typ von Mann, der mit drei Blondinen ins Restaurant geht, seinen Wagenschlüssel der Marke Mercedes, Ferrari oder Lamborghini nebst seinem iPhone für alle deutlich sichtbar auf den Tisch legt und mit lauter Stimme, so dass sich alle Gäste unwillkürlich umdrehen, den Kellner ruft.
21 *Der Fisch ist geputzt:* Es ist etwas unwiderruflich erledigt.
22 *Wenn es Fische regnet:* Wenn ein Tornado übers Land fegt und dann über einen See pflügt und die Fische in sein Inneres aufsaugt und sie nach ein paar Kilometern oder einer deutlich weiteren Strecke wieder ausspuckt, *so dass es Fische regnet*, gelegentlich auch in Gegenden, in denen weit und breit kein Wasser zu finden ist.
23 *Fish Art:* In den 60-iger Jahren von Steve Charmann begründete Stilrichtung in der Bildenden Kunst, wobei der Fisch eine ähnlich dominante Position einnimmt wie bei Beuys. *Der Filz*, bei Uecker *Die Nägel* oder bei Hauser *Die Bücher, Lesebilder und Buchobjekte*.

C.J.N. **Fischflieger,** 2010, Foto

C.J.N. **Postflieger,** 2010, Fotos

24 *Die heilige Catharina der Hechte:* Wird besonders in Rumänien verehrt. In jedem Hafen steht ihre Statue, im Kleinformat findet man sie auch häufig auf Fischkuttern.

L.H. **Die Heilige Catharina der Hechte**, 1978, Foto

25 *Fischhebewerk,* das: Mobiler, überdimensionierter Fischaufzug, der Großfische, wie Wale, die durch erklärbare oder nicht erklärbare Umstände gestrandet sind, wieder ins offene Meer transportieren kann. Unter den Großfisch wird im Sand eine Pertinaxplatte geschoben, an allen

vier Seiten werden Seitenwände, ebenfalls aus Pertinax, ein Faserverbundstoff aus Papier und einem Phenol-Formaldehyd-Kunstharz, das sich im Wasser nicht verzieht, eingehakt, wobei die Kanten mit Dichtungsgummi überzogen sind, so dass nach dem Einhängen der Seitenteile eine quaderförmige Wanne entsteht, in die Wasser eingelassen werden kann, um so den Fisch vor dem Austrocknen zu schützen. Die Wanne wird dann leicht angehoben, so dass dann die Maschine den Transport des Großfisches in der gefüllten Wanne ausführen kann. Sie fährt so weit aufs Meer hinaus, bis sie eine Wassertiefe erreicht hat, die es dem Fisch erlaubt, selbstständig aus der Wanne zu schwimmen.
26 *Schottische Fischstäbchen,* die: Mit Vollmilchschokolade überzogene klassische Fischstäbchen. In Schottland ein Renner, der Hunde und Hundebesitzer süchtig machte nach diesem kulinarischen Ungenuss.
27 *Straße der Hechte oder Die Hecht-Straße,* die: In Europa und nur in Europa gibt es drei Hechtstraßen, die Östliche – die gesamte Donau bis zum Schwarzen Meer, die Nördliche – der Rhein in seiner vollen Länge bis zu seiner Mündung und

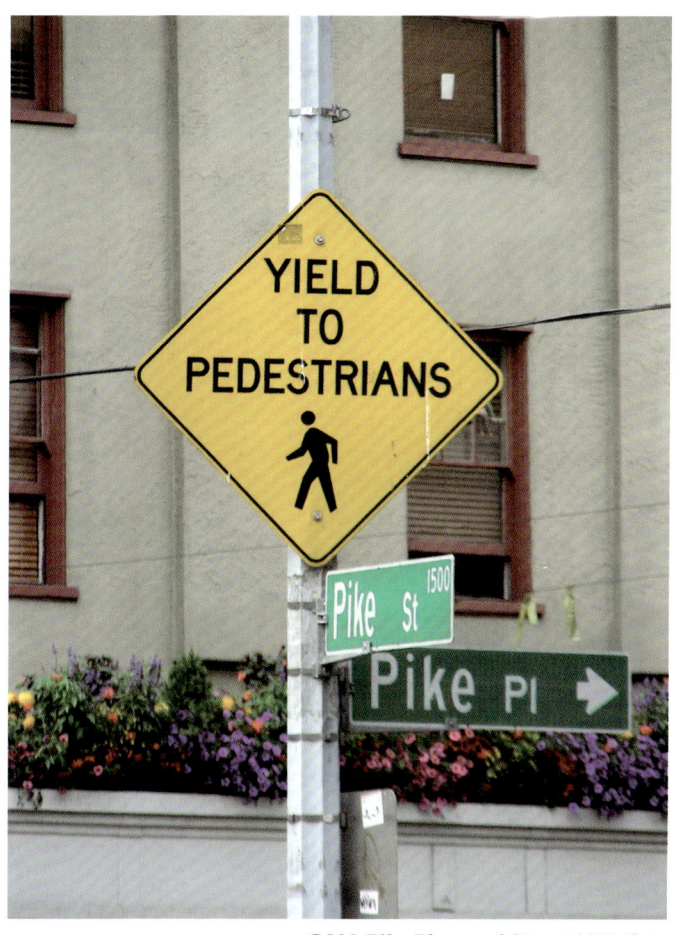

C.J.N. **Pike Place and Street**, 2010, Foto

C.J.N. **Fischtal,** 2010, Foto

L.H. **Am Fischtal**, 2010, Foto

L.H. **Fischerhüttenstraße,** 2010, Foto

W.N. **Fischerhütte**, 2010, Foto

C.J.N.
2010, Fotos

die Südliche Hechtstraße – die Rhone von der Quelle bis zum Mittelmeer. Neben diesen drei Hauptschauplätzen für Hechte gibt es noch eine große Zahl an Nebenschauplätzen, die jedoch nicht benannt sind. Alle Städte, die an einer der drei Hechtstraßen liegen, dürfen zu ihrem Städtenamen den Zusatz führen, entsprechend ihrer geografischen Lage: *an der östlichen, nördlichen oder südlichen Hechtstrasse gelegen,* vergleichbar mit der Namensergänzung *Ostseebad so und so,* die sich für den Tourismus als sehr förderlich erwiesen hat.

28 *Fisch-Zeichen,* das: Geheimzeichen zu Anfang des Christentums; es gibt keinen eindeutigen Beweis für den Entstehungszeitpunkt des Geheimzeichens. Wir wissen, dass eine Person einen Bogen in den Sand zeichnete und eine zweite Person als Antwort den zweiten Bogen hinzufügte. Damit wussten sie, dass sie im Glauben Brüder waren. Der Fisch symbolisierte auch die unter dem Wasser verborgene Wahrheit, die es ans Licht zu holen gilt.

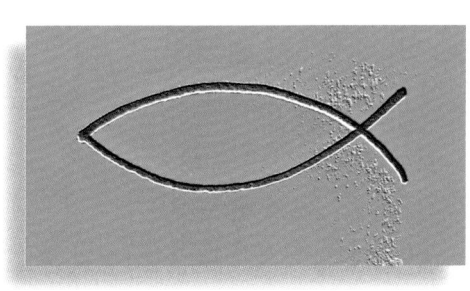

W.N. **Fischzeichen in Sand**, 2010
Acryl auf Papier, 20 x 40 cm

29 *Angelwürmer*, die: Die im Gegensatz zu lebenden Köderfischen erlaubt sind.

Carmine, **Angelwürmer**, 2010, Foto

30 *Der Fisch muss schwimmen:* Entweder in einer Soße, oder: Ein gestrandeter Fisch muss schnellstens ins Meer zurückbefördert werden (siehe auch: *Fischhebewerk*).

C.J.N.
**Schwimmende
Fische**
2010, Foto

31 *Ein Familienbesuch ist wie ein Fisch, nach drei Tagen fängt er an zu stinken:* Volkstümliche Redensart.
32 *Fischhoroskope,* die: Die von einer auf Fische spezialisierten Astrologin erstellten Horoskope von Fischen.

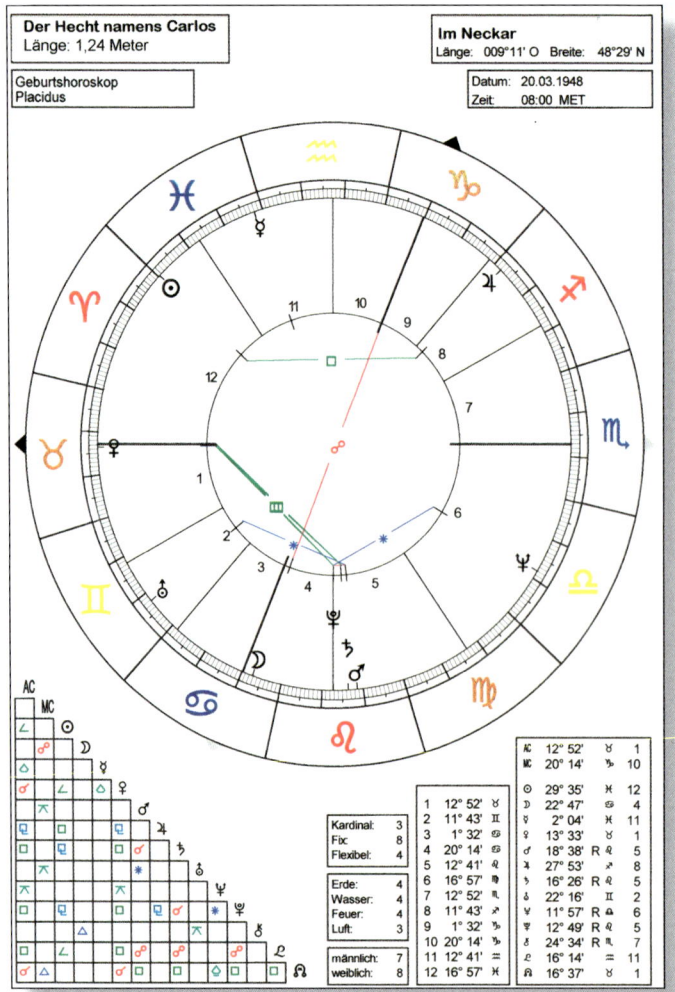

Das von der Astrologin Gräfin Astrid von Huschenbeck erstellte Horoskop, 2005

Fische: Der Träumende muss behutsam an die Realität herangeführt werden. Er wird stark vom familiären Klima beeinflusst. Er hat einen großen Fantasieüberschuss.

33 *Im Trüben fischen:* Wenn ich nichts sehe, noch höre, kann ich nur auf einen dummen Zufall hoffen.

C.J.N. **Im Trüben,** 2010, Foto

34 *Paternosterangeln,* das: in Norwegen häufig angewendete Form des Lachsangelns: an der Angelschnur sind mehrere, in gleichmäßigem Abstand befestigte Angelhaken mit entsprechenden Ködern, so dass der Angler gleichzeitig mehrere Lachse fangen kann.

35 *Ein toller Hecht,* der: Die Erklärung – ein toller Mann ist zu banal. Das Foto mit dem Titel: *Wer ist hier der tolle Hecht?*, trifft den Sachverhalt eindringlicher; auch: *ein geiler Hecht* wird aus Jugendschutzgründen hier nicht erörtert.

L.H. **Wer ist hier der tolle Hecht?**, 2010, Foto

36 *Fischgrätenverband*, der: altrömischer Mauerziegelverband mit Steinlagen, die abwechselnd schräg nach rechts und nach links in der Sichtfläche gerichtet sind.

L.H. **Fischbesteck,** 2010, Foto

W.N. **Fischgrätenverband oder Die römische Mauer,** 1996, Foto

C.J.N. **Wegezeichen,** 2010, Foto

Literaturnachweise

Christoph Geiser **Das Gefängnis der Wünsche**, 1992,
Verlag Nagel & Kimche, Zürich
ISBN 3-312-00181-1
Bertolt Brecht **Gedichte und Geschichten,**
1958, Aufbau-Verlag, Berlin (Ost)
Peter Marginter **Der Baron und die Fische,**
1969, Verlag Volk und Welt, Berlin (Ost)
H.P. Kraus **Die Saga von den kostbaren Büchern,**
1982, SV international / Schweizer Verlagshaus, Zürich,
ISBN 3-7263-6326-2

Wolfgang Nieblich - Biographie
1948 in Reutlingen geboren,
1970-74 Studium Malerei und Grafik in Berlin,
seit 1973 ca. 450 Ausstellungen im In- und Ausland
www.nieblich.de

Nieblich - Bibliografie (Auswahl)

Vom Umgang mit Büchern. Berlin: Edition Wewerka,1982
Das Buch als Objekt. Berlin: Galerie Butzer, 1985
Buchskulpturen. Gütersloh: Bertelsmann Lexikon Verlag, 1991
Das Gedächtnis der Zeit. Reutlingen: Städt. Kunstmuseum Spendhaus, 1992
Standbein - Spielbein. Jena: Städtische Museen, 1993
Nur eine Welt. Berlin: Galerie Horst Dietrich, 1996
Ohne ISBN. Leipzig: Deutsches Buch- undSchriftmuseum, 1997
Die imaginäre Bibliothek. Berlin: Staatsbibliothek zu Berlin, 1998
Farbfelder. Berlin: Galerie Horst Dietrich, 1998
Multiples. Berlin: Edition Hauser, 1999
Der schwarze Fleck. Leipzig: Deutsches Buch- und Schriftmuseum, 2001
Gedankentürme. Berlin: Edition Hauser, 2002
Buch, Bücher, Nieblich. Rottenburg: Kulturverein Zehntscheuer, 2005
Das AbeCedarium der Dinge. Berlin: Verlag Axel Pohle, 2006
MoneyArtMarket. Berlin: PalmArtPress, 2008
Der Weizen und das Licht. Berlin: Edition Hauser, 2009
Maculatura. Berlin: PalmArtPress, 2009
Licht- und Nachtschattengewächse. Berlin: Edition Hauser, 2009
Der Weinrebenrozess. Berlin: Edition Hauser, 2009
Lesefrüchte. Berlin: Edition Hauser, 2010
Auf der Buchstr.1. Berlin: Edition Hauser, 2010
Das Ferne so nah oder Die Currywurst. Berlin: PalmArtPress, 2010
Die unendliche Bibliothek. Berlin: PalmArtPress, 2011

Programm von PalmArtPress

Wolfgang Nieblich
Das Ferne so nah oder Die Currywurst
ISBN: 978-3-941524-09-5
64 Seiten, 18 farbige Abbildungen, Hardcover,
10 x 8 cm, illustriert mit Berlin Fotos von
Lothar Hartmann aus der Zeit von 1969-1971

Wolfgang Nieblich
Die unendliche Bibliothek
ISBN: 978-3-941524-05-7
144 Seiten, 100 farbige Abbild., Hardcover,
Beiträge: Dr. Ingrid Maut, Prof. Dr. H. Bausinger,
H. Schneiderheinze, 14,8 x 21 cm

Ania Brunn
Aufgefischt im Netz
ISBN: 978-3-941524-07-1
176 Seiten, Erzählung, Paperback, 12,5 x 18 cm

Mayra Anabella Fernández Monroy de Schäfer
Zwölf bildliche Darstellungen zum Taiwan-Feldzug (1787-1788) des Kaisers Qianlong (1736-1795)
ISBN: 978-3-941524-03-3
305 Seiten, 40 farbige Abbild., Paperback, 14,8 x 21 cm

Sladjana Lukic
Deutsche Grammatik- *leicht gemacht*
ISBN: 978-3-941524-04-0
216 Seiten, Paperback, 16,5 x 23,5 cm

Maria Reinecke
La Rambla- *Barcelona Story*
ISBN: 978-3-941524-02-6
76 Seiten, Erzählung, Paperback, 12,5 x 18 cm

Wolfgang Nieblich
Maculatura
ISBN: 978-3-941524-01-9
64 Seiten, 46 Abbild. Paperback, 14,8 x 21 cm
Deutsch und Englisch

Wolfgang Nieblich
MoneyArtMarket
ISBN: 978-3-941524-00-2
100 Seiten, 85 Abbild., Paperback, 14,8 x 21 cm
Englisch

Wir danken für die freundliche Unterstützung:

Papier Union, Hamburg / Berlin
Druckerei druckpunkt, Berlin
Thomas Nickert (Druckveredelung), Berlin
Buchbinderei Helm, Berlin
Palegra (Laserschnitt), Königswusterhausen
Schmuckwerkstatt (Pariser Straße), Berlin
Seite 158: Fotoerlaubnis für die Ziehbank
Michael Weiss (Tierpräparator), Berlin
Rogacki (Fischfotos), Berlin
Rosi Blancke (Puppenklinik), Berlin
FrischeParadies, Berlin